# Heidelberger Katechismus-Brevier

Herausgegeben von
Matthias Freudenberg

Dieses Buch wurde auf FSC®-zertifiziertem Papier gedruckt. FSC® (Forest Stewardship Council) ist eine nichtstaatliche, gemeinnützige Organisation, die sich für eine ökologische und sozialverantwortliche Nutzung der Wälder unserer Erde einsetzt.

Bibliografische Information der Deutschen Nationalbibliothek

Die Deutsche Nationalbibliothek verzeichnet diese Publikation in der Deutschen Nationalbibliografie; detaillierte bibliografische Daten sind im Internet über http://dnb.d-nb.de abrufbar.


Umschlaggestaltung: Andreas Sonnhüter, Düsseldorf
Umschlagabbildung: © Universitätsbiliothek Heidelberg
Satz: Breklumer Print-Service, Breklum
Gesamtherstellung: Hubert & Co., Göttingen
Printed in Germany
ISBN 978-3-7887-2594-5 Print
ISBN 978-3-7887-2634-8 eBook-PDF

# Einführung

Jubiläen richten die Aufmerksamkeit in der Regel auf Persönlichkeiten, denen die Nachwelt eine Lebensleistung mit Wirkungen für nachfolgende Generationen verdankt. Mit dem Heidelberger Katechismus gedenken die evangelischen Kirchen nicht in erster Linie einer Persönlichkeit, sondern eines theologischen Textes, der 2013 seit 450 Jahren in Deutschland und weit darüber hinaus in Gebrauch steht. Dieser Katechismus ist bis heute die wichtigste Bekenntnisschrift für die reformierten Gemeinden in Deutschland.

Seine Entstehung ist aufs Engste mit der Kurpfalz und der Universitätsstadt Heidelberg verbunden. Die lutherische Reformation war in der Pfalz an manchen Orten ab 1526, insgesamt aber erst unter Kurfürst Friedrich II. und dann – nach einer Zwischenzeit der Rekatholisierung – unter dessen Nachfolger und Neffen Ottheinrich durchgeführt worden. In der Kurpfalz gab es unterschiedliche theologische Strömungen: strenge Lutheraner, Anhänger Philipp Melanchthons und solche, die sich dem reformierten Bekenntnis angeschlossen haben. Nachfolger Ottheinrichs wurde Friedrich III., auch der Fromme genannt; er regierte von 1559–1576. Die auseinanderdriftenden evangelischen Richtungen verlangten von Friedrich III., ein einendes Fundament zu legen. Seine eigene theologische Bildung, seine Erfahrung und Frömmigkeit veranlassten ihn, sich der reformierten Richtung anzuschließen. Die Kurpfalz wurde entsprechend dem Prinzip „Wem das Land gehört, der bestimmt die Religion" (cuius regio eius religio) ein reformiertes Territorium.

Der 1563 in Heidelberg fertiggestellte und gedruckte Katechismus war im Rahmen der neuen pfälzischen Kirchenordnung das zentrale Dokument dieser Hinwendung zum reformierten Bekenntnis. Mit seiner Veröffentlichung verband Kurfürst Friedrich III. laut Vorrede eine große Erwartung: „Damit fürbass nicht allein die Jugend in Kirchen und Schulen in solcher christlichen Lehre, gottseliglichem Unterweisen und dazu einhellig angehalten, sondern auch die Prediger und Schulmeister selbst eine gewisse und beständige Form und Maß haben mögen, wie sie sich in der Unterweisung der Jugend verhalten sollen und nicht [nach] ihrem eigenen Gefallen tägliche Änderungen vornehmen oder widerwärtige Lehre einführen."

Im Katechismus kommen Einflüsse Melanchthons durch Zacharias Ursinus (1534–1583), aber auch zwinglische und calvinische Argumentationen zur Geltung. Die Vorrede zum Katechismus legt den Schluss nahe, dass der Katechismus das Werk einer Kommission gewesen ist. Tatsächlich jedoch tritt hinter der redaktionellen Arbeit der Kommission als Hauptverfasser der Heidelberger Dogmatikprofessor und Leiter des Sapienzkollegs (Predigerseminar) Ursinus hervor. Auf seine beiden Katechismen, den „Catechismus maior" und den „Catechismus minor" von 1562, geht der Heidelberger Katechismus vermutlich im Wesentlichen zurück; im Rahmen einer Schlussredaktion dürfte aber auch Kaspar Olevian (1536–1587) Einfluss auf die Endgestalt genommen haben.

Methodisch gibt der Katechismus in 129 Fragen und Antworten einen Überblick über den Inhalt des christlichen Glaubens. Dabei geht er von einer existenziellen Frage des Glaubens aus und verbindet in der Antwort die verschiedenen theologischen Aussagen zu einer biblisch verantworteten Auskunft, die auf das Leben der Glaubenden zielt. In drei Abschnitten werden die Themen des christlichen Glaubens und Lebens entfaltet: Der erste und kürzeste Hauptteil ist mit „Von des Menschen Elend“ überschrieben und schildert die verhängnisvolle Lage, in der sich der Mensch als Sünder befindet (Fragen 3–11). Der zweite Hauptteil, der die Fragen und Antworten 12–85 umfasst und die Überschrift „Von des Menschen Erlösung“ trägt, legt die drei Artikel des Apostolischen Glaubensbekenntnisses aus und thematisiert die Sakramente Taufe und Abendmahl. Der dritte Hauptteil ist eine Besonderheit des Katechismus und bringt unter der Überschrift „Von der Dankbarkeit“ die Antwort des Menschen in Wort und Tat auf die ihm geschenkte Erlösung zur Sprache (Fragen 86–129). Hier werden die Zehn Gebote und das Unser Vater-Gebet erklärt.

Frage 1 „Was ist dein einziger Trost im Leben und im Sterben?“ bildet die Ouvertüre zu allen weiteren Fragen des Katechismus. Diese Frage überrascht, andere Formulierungen liegen möglicherweise näher: „Was ist der Sinn des Lebens?“, oder: „Was können wir wissen, hoffen und tun?“ Heute fragen Menschen noch direkter: „Wozu lebe ich?“, und: „Wie finde ich zu einem Leben, das sich zu leben lohnt?“ Oder einfach: „Wie kann ich zufrieden und glücklich sein?“ Der Katechismus fragt indes nach einem Trost und geht davon aus, dass Menschen trostbedürftig sind. Die Antwort zu Frage 1 bringt zum Ausdruck, dass es einen wirklichen und wirksamen Trost tatsächlich gibt: einen Trost, der auch vor der vielgestaltigen Trostlosigkeit der Welt und des eigenen Lebens Bestand hat. Dieser Trost ist Trost gegen mancherlei Erfahrung des Nicht-bei-Trost Seins und lässt sich in die Frage überführen: Wie können

Menschen trotz allem, was sie niederdrückt, als freie und dem Leben zugewandte Wesen leben? Die Antwort benennt die Kraftquelle zu einem Leben im Angesicht Gottes: Jesus Christus. Er ist der Mensch gewordene Trost im Leben und im Sterben.

Trost hat es mit einem Gegenüber, dem Elend, zu tun. Der Katechismus beschreibt schonungslos das Elend des Menschen. Es besteht in der Unfähigkeit, Gott und den Nächsten vollkommen zu lieben. Lieblosigkeit macht das Leben trostlos. Der Mensch hat die Fähigkeit verloren, so zu leben und zu lieben, wie Gott es von ihm erwartet. Die Trostlosigkeit der Welt hat ihre Wurzel in der Lieblosigkeit der Menschen. Doch das ist nicht das letzte Wort Gottes über die Welt und die Menschen. Der Katechismus verharrt nicht in der Resignation. Um Jesu Christi willen können Menschen getrost leben, denn er setzt alles daran, die Menschen wieder zu Recht zu bringen. In nicht weniger als 41 Fragen spricht der Katechismus vom neuen Leben, das durch die Liebe Jesu Christi ermöglicht wird. Und 74 Fragen beleuchten das Hauptthema, dass Gott die Menschen erlöst und befreit.

Der Heidelberger Katechismus ist ein Buch des praktischen Lebens. Er wendet sich dem Leben zu und zeigt Wege auf, wie Christen verantwortlich leben können. Die Dankbarkeit wird zum Schlüsselwort: „Wir sollen uns dankbar gegen Gott für seine Wohltat erweisen", heißt es in Frage 86. Weil Gott durch seinen Sohn Menschen erlöst und sie zu einem neuen Leben befreit hat, sollen sie auch dementsprechend leben. „Auferstehen des neuen Menschen" nennt das der Katechismus in Frage 88. Und in Frage 90 redet er von der Freude und Lust, in der das neue Leben Gestalt gewinnt. Die Dankbarkeit wird zur christlichen Lebensäußerung schlechthin. Der Maßstab der Ethik ist Gottes Wille, der in seinen Geboten zur Sprache kommt. Was von Gottes Geboten in der konkreten Situation gefordert wird, muss immer wieder neu ermittelt werden. Seine Gebote sind keine Ratgeberliteratur, sondern Orientierungen zum Leben in der christlichen Freiheit.

Das Herzstück der Dankbarkeit ist das Gebet. Im Gebet reden Menschen von und zu Gott. Nichts Besseres können sie tun, als ihre geistliche und leibliche Not vor Gott zu bringen und von ihm alles in dem Vertrauen zu erwarten, dass ihr Gebet „von Gott viel gewisser erhört" wird, als sie es in ihrem Herzen fühlen, dass sie dies alles von ihm begehren (Frage 129).

Der Heidelberger Katechismus ist eine besonders geeignete Anleitung und Hilfestellung, den christlichen Glauben zu verstehen und ins Gespräch zu bringen. Seine Besonderheit liegt im Rhythmus der Fragen und Antworten, bei dem die Fragen oftmals schon die inhaltliche Richtung der Antworten vorgeben. Durch sein Frage- und Antwortspiel verwickelt der Katechismus Menschen in einen lebendigen Gedankenprozess. Er verfügt über drei Eigenschaften, die für pädagogische Prozesse im Auskundschaften des Glaubens grundlegend sind: Erstens ermöglicht der Katechismus durch lebensnahe Fragen und Antworten, sich selbst als einen von Gott angenommenen, in die Gemeinschaft gestellten und in die Verantwortung gezogenen Menschen zu entdecken. Zweitens nimmt der Katechismus die Christen auf einen Denkweg im Glauben mit, der Raum lässt für eigene Assoziationen, Geschichten und Deutungen. Drittens bringt der Katechismus auf den Punkt, was es heißt, ein Christ zu sein. Er stellt sich dem Thema der christlichen Identität: Menschen heißen und sind Christen, weil sie zu Jesus

Christus gehören. Bei dieser Identitätsbeschreibung geht es um einen Prozess der Selbstwerdung. Texte wie der Heidelberger Katechismus wurden geschrieben, um Menschen im Glauben zu alphabetisieren und das Wissen über den Glauben in den Dienst einer umfassenden Persönlichkeitsbildung zu stellen. Christen schöpfen aus einem Schatz von Gedanken, der bis heute nicht versiegt ist. Wer den Heidelberger Katechismus liest, lässt sich in eine Bewegung der Nachdenklichkeit versetzen und wird in der Sprache des Glaubens „musikalisch“ (Jürgen Habermas).

In diesem in acht Abschnitte untergliederten Brevier umrahmen biblische Verse, von denen viele bereits der 3. Auflage von 1563 beigegeben wurden, und überwiegend neuere Liedstrophen aus dem Evangelischen Gesangbuch (Ausgabe Rheinland-Westfalen-Lippe) ausgewählte Sätze aus den Katechismusfragen. Diese wurden mit einer Kurzerklärung versehen, die zum eigenen Nach- und Weiterdenken anregen soll. Als Textgrundlage dient die heute gängige Katechismusausgabe von 1997 (Neukirchener Verlag, 5. Aufl. 2012).

# Getröstet leben, getröstet sterben

Wisst ihr nicht, dass euer Leib ein Tempel des Heiligen Geistes ist, der in euch ist und den ihr von Gott habt, und dass ihr nicht euch selbst gehört?
(1. Korinther 6,19)

Ihr aber seid Christi, Christus aber ist Gottes.
(1. Korinther 3,23)

Aus Frage 1
Was ist dein einziger Trost im Leben und im Sterben?
Dass ich mit Leib und Seele im Leben und im Sterben Jesus Christus gehöre.

„Bist du noch recht bei Trost?“, fragen Menschen einander polemisch und sind überzeugt, dass der andere offenbar seinen Verstand verloren hat. Ganz und gar nicht kampfeslustig wirft der Katechismus die Frage nach dem einen und einzigen Trost auf: Worauf kann ein Mensch in allen Dimensionen seines Lebens einschließlich dessen Endes – des Sterbens – vertrauen? Solches Vertrauen erwächst aus einer Zugehörigkeit. In der Bindung an Jesus Christus, die von ihm ausgeht, sich auf alle Facetten des Lebens erstreckt und Bestand hat, erwächst Vertrauen und Trost. Bei Jesus Christus zu sein und ihm anzugehören bedeutet, recht bei Trost zu sein. Getröstet zu leben heißt, befreit und zuversichtlich zu leben.

Er hat mit seinem Leben gezeigt, was Liebe ist. / Bleib bei uns heut und morgen, Herr Jesu Christ. (EG 168,6)

Jesus Christus spricht: Nun aber sind auch eure Haare auf dem Haupt alle gezählt. Darum fürchtet euch nicht. (Matthäus 10,30+31)

Jesus Christus spricht: Kein Haar von eurem Haupt soll verloren gehen. (Lukas 21,18)

> Aus Frage 1
> Jesus Christus bewahrt mich so, dass ohne den Willen meines Vaters im Himmel kein Haar von meinem Haupt fallen kann.

Kaum zu fassen: Gott weiß selbst um das einzelne und unscheinbare Haar auf dem Kopf! Ohne seinen Willen kann es weder ausfallen noch weiterwachsen. Der Katechismus lenkt das Augenmerk auf das bewahrende und vorsehende Handeln des dreieinigen Gottes. Wenn schon das nur den Bruchteil eines Millimeters dünne Haar von Gott gezählt ist: Wie sehr gilt das erst recht vom ganzen Menschen und seiner Persönlichkeit in der Komplexität seines Wesens und seiner Lebensäußerungen? Es ist ein Trost, dass Jesus Christus das, was Menschen tun und lassen, mit seinem Schutz umfängt. Der Akzent liegt auf der Bewahrung, nicht auf einer Fremdsteuerung, die bevormunden und in die Unfreiheit führen würde. Wen Jesus Christus bewahrt, den führt er in die wunderbare Freiheit der Kinder Gottes.

Auch deines Hauptes Haare / sind wohl von ihm gezählt. / Er bleibt der Wunderbare, / dem kein Geringstes fehlt. / Den keine Meere fassen / und keiner Berge Grat, / hat selbst sein Reich verlassen, / ist dir als Mensch genaht. (EG 379,3)

Gott ist's aber, der uns fest macht samt euch in Christus. (2. Korinther 1,21)

Der Geist selbst gibt Zeugnis unserm Geist, dass wir Gottes Kinder sind. (Römer 8,16)

> Aus Frage 1
> Jesus Christus macht mich auch durch seinen Heiligen Geist des ewigen Lebens gewiss und von Herzen willig und bereit, ihm forthin zu leben.

Wer Gott begreifen will, soll auf Jesus Christus blicken. Im Handeln des jüdischen Menschen und Gottessohnes gibt Gott sich zu erkennen. Dieser Grundgedanke zieht sich durch weite Teile des Katechismus. So ist es Jesus Christus, der durch die belebende Kraft seines Geistes in einer Welt der Verunsicherungen und Ungewissheiten für die Gewissheit sorgt: Das erhoffte und erbetene ewige Leben ist keine vage Fantasie, sondern wird Realität. Weder im gegenwärtigen Leben noch in seiner zukünftigen und heute noch ungeahnten Gestalt geht die Bindung an Jesus Christus verloren. Im Gegenteil, Jesus Christus – der einzige Trost im Leben und im Sterben – weckt das Verlangen und die Lust, ein Leben in seiner Nachfolge zu führen. Dazu ermuntert inmitten der alltäglichen Rast- und Atemlosigkeit der kräftige Atem seines Geistes.

Deinen Atem gabst du uns jetzt schon als Unterpfand. / Gib uns allen deinen Geist! / Denn als Kinder deines Vaters sind wir anerkannt. / Gib uns allen deinen Geist! (EG RWL 570,2)

# Der verkehrte Mensch

Da ist keiner, der verständig ist; da ist keiner, der nach Gott fragt. Sie sind alle abgewichen. (Römer 3,11–12)

Wenn wir sagen, wir haben keine Sünde, so betrügen wir uns selbst, und die Wahrheit ist nicht in uns. (1. Johannes 1,8)

> Aus Frage 5
> Ich bin von Natur aus geneigt, Gott und meinen Nächsten zu hassen.

Das ist eine bittere Erkenntnis: Es liegt in der Natur des Menschen, Gott abzulehnen und sich gegen seine Mitmenschen zu stellen. Von Natur aus ist der Mensch nicht so, wie Gott ihn gewollt hat. Spuren oder leider auch häufig betretene Wege dieser Verirrung lassen sich allenthalben entdecken: Wenn der Mensch das Gute, das Gott ihm gönnt, von sich weist. Wenn er seine Macht rücksichtslos durchsetzt. Wenn er das Lebensrecht seiner Mitmenschen missachtet und ihnen zu verstehen gibt, sie seien nichts wert. Dieser Erkenntnis der menschlichen Abgründe standzuhalten und ihr nicht aus dem Weg zu gehen, ist schwer, aber notwendig.

Ohren gabst du mir, / hören kann ich nicht: / der du Taube heilst, / Herr, erbarm dich mein, / erbarm dich mein.
Menschen gabst du mir, / lieben kann ich nicht; / der du Wunder tust, / Herr, erbarm dich mein, / erbarm dich mein. (EG 236,1+6)

Gott schuf den Menschen zu seinem Bilde, zum Bilde Gottes schuf er ihn; und schuf sie als Mann und Frau. (1. Mose 1,27)

Gott sah an alles, was er gemacht hatte, und siehe, es war sehr gut. (1. Mose 1,31)

Aus Frage 6
Gott hat den Menschen gut und nach seinem Ebenbild erschaffen, das bedeutet: wahrhaft gerecht und heilig.

Wer ist für das trostlose Elend des Menschen verantwortlich? Der Katechismus erklärt unmissverständlich: Gott ist nicht daran schuld, wenn der Mensch sich verirrt und seine eigenen Interessen egoistisch gegen andere durchsetzt. Wer die Verursachung des Bösen auf Gott abschieben will, macht es sich zu einfach. Es verhält sich vielmehr so: Gott hat nicht nur die Welt, sondern auch den Menschen gut erschaffen und in ihm ein Bild von sich selbst entworfen. Aus seinem Schöpferwillen ist der Mensch gut, gerecht und heilig hervorgegangen. Er ist dazu bestimmt, als Gottes Gegenüber und in der Gemeinschaft mit ihm zu leben. Das ist eine wichtige Erinnerung angesichts der Lieblosigkeit, in die sich die Menschen verstricken und aus der allein Gott sie herausholt.

Und doch hast du am höchsten ihn gestellet, / ganz nah ihn deiner Gottheit zugesellet, / hast ihn gekrönt mit Hoheit und mit Pracht, / dass er beherrsche, was du hast gemacht. (EG 271,4)

Deshalb, wie durch einen Menschen die Sünde in die Welt gekommen ist und der Tod durch die Sünde, so ist der Tod zu allen Menschen durchgedrungen, weil alle gesündigt haben. (Römer 5,12)

Zieht den neuen Menschen an, der nach Gott geschaffen ist in wahrer Gerechtigkeit und Heiligkeit. (Epheser 4,24)

> Aus Frage 9
> Der Mensch aber hat sich und alle seine Nachkommen durch mutwilligen Ungehorsam der Gabe Gottes beraubt.

Verlangt Gott nicht Unmögliches, wenn er vom Menschen erwartet, dass er sich gegen das Böse stellt und das Gute tut? Hat der Mensch überhaupt die Freiheit dazu? Der Katechismus legt auf die Feststellung Wert: Die Verantwortung für die Lieblosigkeit, welche die Bibel „Sünde“ nennt, trägt der Mensch selbst. Sein Leben ist davon gekennzeichnet, dass er zum Guten unfähig ist und am Bösen Gefallen findet. Das ist sein Verhängnis und seine Schuld zugleich. Aus dieser ausweglosen Situation herauszufinden kann nicht das Ergebnis moralischer Anstrengungen sein. Vielmehr bittet der Sünder Gott um Vergebung – im Vertrauen darauf, dass Gottes Güte alle Morgen neu und seine Treue groß ist.

Aber noch tragen wir der Erde Kleid. / Uns hält gefangen Irrtum, Schuld und Leid; / doch deine Treue hat uns schon befreit. / Halleluja, Halleluja! (EG 154,4)

Dies wird sein Name sein, mit dem man ihn nennen wird: „Der Herr unsere Gerechtigkeit“. (Jeremia 23,6)

Da durch einen Menschen der Tod gekommen ist, so kommt auch durch einen Menschen die Auferstehung der Toten. (1. Korinther 15,21)

> Frage 15
> Was für einen Mittler und Erlöser müssen wir denn suchen? Einen solchen, der ein wahrer und gerechter Mensch und doch stärker als alle Geschöpfe, also auch wahrer Gott ist.

Der Name, um den es geht, wenn vom „Mittler“ und „Erlöser“ die Rede ist, wird noch nicht genannt. Aber wer sich im Glauben auskennt, der weiß, dass Jesus Christus im Zentrum dieser Gedanken steht. Um neue Gemeinschaft zwischen Gott und den Menschen zu ermöglichen, bedarf es der Versöhnung durch Jesus Christus. Als ein „wahrer und gerechter Mensch“ hat er Anteil am Geschick des begrenzten und fragilen menschlichen Lebens. Und als „wahrer Gott“ verfügt er über die Macht, das zerbrochene Verhältnis zwischen den Menschen und Gott zu heilen und die Tür zu einem Leben zu öffnen, dem die Fesseln der Unfreiheit abgestreift sind.

Er ist erstanden, hat uns befreit; / dafür sei Dank und Lob allezeit. / Uns kann nicht schaden Sünd oder Tod, / Christus versöhnt uns mit unserm Gott. / Lasst uns lobsingen vor unserem Gott, der uns erlöst hat vom ewigen Tod. / Sünd ist vergeben, Halleluja! / Jesus bringt Leben, Halleluja! (EG 116,5)

Euch ist heute der Heiland geboren, welcher ist Christus, der Herr, in der Stadt Davids. (Lukas 2,11)

Durch ihn aber seid ihr in Christus Jesus, der uns von Gott gemacht ist zur Gerechtigkeit und zur Heiligung und zur Erlösung. (1. Korinther 1,30)

> Aus Frage 18
> Wer ist denn dieser Mittler? Unser Herr Jesus Christus, der uns zur vollkommenen Erlösung und Gerechtigkeit geschenkt ist.

Nun wird der Name des Mittlers und Befreiers ausgesprochen: Jesus Christus. In ihm ist Gott selbst in die Welt gekommen und hat sich für den elenden Menschen stark gemacht. Dass sich Jesus Christus mit seinem ganzen Leben, Sterben und Auferstehen für die Welt und die Menschen auf ihr einsetzt, ist kein Wunschtraum, sondern Wirklichkeit. Er ermöglicht wahres Leben, wie Gott es gewollt hat: Leben in der dankbaren Bindung an seinen Schöpfer. Leben in der achtsamen Hingabe an den Nächsten. Leben in der Freude auf jeden neuen Tag. Wie Jesus Christus Gottes Geschenk an die Menschheit ist, so bleiben dessen Wirkungen unverdiente Gabe. Daran sich gegenseitig zu erinnern, ist ein Kennzeichen der christlichen Existenz und der christlichen Gemeinde.

O komm, du Sohn aus Davids Stamm, / du Friedensbringer, Osterlamm. / Von Schuld und Knechtschaft mach uns frei / und von des Bösen Tyrannei. / Freut euch, freut euch, der Herr ist nah. / Freut euch und singt Halleluja. (EG 19,2)

# An Gott glauben

Er bitte aber im Glauben und zweifle nicht; denn wer zweifelt, gleicht einer Meereswoge, die vom Winde getrieben und bewegt wird. (Jakobus 1,6)

Da wir nun gerecht geworden sind durch den Glauben, haben wir Frieden mit Gott durch unsern Herrn Jesus Christus. (Römer 5,1)

> Aus Frage 21
> Wahrer Glaube ist eine zuverlässige Erkenntnis, durch welche ich alles für wahr halte, was uns Gott in seinem Wort geoffenbart hat.

Der Glaube wird zunächst als eine „zuverlässige Erkenntnis“ beschrieben. Da Gott denkwürdig ist und zu denken gibt, ist er auch ein Gegenstand des Wissen und der Erkenntnis. Wie kommt es dazu, da Gott doch kein erforschbarer Teil der Welt ist? Die Ermöglichung und das Kriterium dafür, dass Menschen zu einem Wissen über Gott gelangen können, ist die biblische Botschaft. Sie ist das menschliche Zeugnis vom großen Reden Gottes und seiner Selbstmitteilung. Da Gott Anlass gibt, über ihn zu reden und seinem Geheimnis nachzudenken, ist der Glaube ein verstehender und nachdenklicher Glaube.

Von Zweifeln ist mein Leben übermannt, / mein Unvermögen hält mich ganz gefangen. / Hast du mit Namen mich in deine Hand, / in dein Erbarmen fest mich eingeschrieben? / Nimmst du mich auf in dein gelobtes Land? / Werd ich dich noch mit neuen Augen sehen? (EG 382,2)

Weil wir aber denselben Geist des Glaubens haben, wie geschrieben steht: „Ich glaube, darum rede ich“, so glauben wir auch, darum reden wir auch.
(2. Korinther 4,13; Psalm 116,10)

So kommt der Glaube aus der Predigt, das Predigen aber durch das Wort Christi. (Römer 10,17)

> Aus Frage 21
> Wahrer Glaube ist auch ein herzliches Vertrauen, welches der Heilige Geist durchs Evangelium in mir wirkt.

Zur „zuverlässigen Erkenntnis“ tritt das „herzliche Vertrauen“ als Wesensmerkmal des Glaubens hinzu. Erkenntnis und Vertrauen – nicht das eine ohne das andere. Erkenntnis und Vertrauen, Nachdenken und Sich-verlassen-Können gehören zusammen und bilden eine Einheit. Ein Glaube, der nur ein bestimmtes Wissen über Gott hat, ohne sich in eine wirkliche Beziehung zu ihm zu begeben, wäre kein wahrer Glaube. Und ein Glaube, der nur aus einer diffusen Religiosität oder Spiritualität ohne ein zuverlässiges Wissen über Gott bestehen würde, wäre ebenso wenig wahrer Glaube. Darum bilden die Erkenntnis Gottes und das Vertrauen auf ihn gleichsam ein Zwillingspaar.

Vertraut den neuen Wegen, / auf die der Herr uns weist, / weil Leben heißt: sich regen, / weil Leben wandern heißt. / Seit leuchtend Gottes Bogen am hohen Himmel stand, / sind Menschen ausgezogen / in das gelobte Land. (EG 395,1)

Die Erde ließ aufgehen Gras und Kraut, das Samen bringt, ein jedes nach seiner Art, und Bäume, die da Früchte tragen, in denen ihr Same ist, ein jeder nach seiner Art. Und Gott sah, dass es gut war. (1. Mose 1,12)

Herr, du hast das Erdreich gegründet auf festem Boden, dass es bleibt immer und ewiglich.
(Psalm 104,5)

> Aus Frage 26
> Gott hat Himmel und Erde mit allem, was darin ist, aus nichts erschaffen und erhält und regiert sie noch immer durch seinen ewigen Rat und seine Vorsehung.

Dem schöpferischen Wirken des ewigen Gottes verdanken der ganze Kosmos und ebenso die Menschen in ihrem individuellen Dasein ihre Existenz. Der Schöpfer des Himmels und der Erde wendet sich dem konkret gelebten Leben des einzelnen Menschen zu. Indem Gott Himmel und Erde und auf ihr die einzelnen Menschen erschaffen hat, verfolgt er zugleich das Ziel, seine Schöpfung zu erhalten. Auch der unscheinbare Alltag ist von seinem Wirken durchwoben und steht unter seinem Schutz.

Weißt du, wie viel Kinder frühe / stehn aus ihrem Bettlein auf, / dass sie ohne Sorg und Mühe / fröhlich sind im Tageslauf? / Gott im Himmel hat an allen / seine Lust, sein Wohlgefallen; / kennt auch dich und hat dich lieb, / kennt auch dich und hat dich lieb. (EG 511,3)

Wirf dein Anliegen auf den Herrn; der wird dich versorgen und wird den Gerechten in Ewigkeit nicht wanken lassen. (Psalm 55,23)

Wir wissen aber, dass denen, die Gott lieben, alle Dinge zum Besten dienen, denen, die nach seinem Ratschluss berufen sind. (Römer 8,28)

> Aus Frage 26
> Auf Gott vertraue ich und zweifle nicht, dass er mich mit allem versorgt, was ich für Leib und Seele nötig habe, und auch alle Lasten, die er mir in diesem Leben auferlegt, mir zum Besten wendet.

Wer auf seinen Schöpfer vertraut, verlässt sich darauf, dass dieser ihm aus lauter Liebe sein Leben geschenkt hat und dieses Tag für Tag aufs Neue bewahrt. Die Mittel zum Leben sind so vielfältig, wie komplex das Leben selbst ist. Der Schöpfer verspricht die lebensnotwendige Nahrung für Leib und Seele, ohne die das Leben vertrocknen und verkümmern würde. Mehr noch: Er versteht es, auf geheimnisvolle Weise selbst die Lasten, unter denen Menschen zu zerbrechen drohen, in Gutes und Lebensförderliches zu verwandeln. Menschen machen neue Erfahrungen mit sich und mit Gott.

Er spricht wie an dem Tage, / da er die Welt erschuf. / Da schweigen Angst und Klage; / nichts gilt mehr als sein Ruf. / Das Wort der ewgen Treue, / die Gott uns Menschen schwört, / erfahre ich aufs Neue / so, wie ein Jünger hört. (EG 452,2)

Reiche und Arme begegnen einander; der Herr hat sie alle gemacht. (Sprüche 22,2)

Gott hat sich selbst nicht unbezeugt gelassen, hat viel Gutes getan und euch vom Himmel Regen und fruchtbare Zeiten gegeben, hat euch ernährt und eure Herzen mit Freude erfüllt. (Apostelgeschichte 14,17)

> Aus Frage 27
> Gesundheit und Krankheit, Reichtum und Armut und alles andere kommen uns nicht durch Zufall, sondern aus seiner väterlichen Hand zu.

Das Vertrauen auf Gott den Schöpfer verändert den Blick der Menschen auf ihr Leben und die Wirklichkeit. Was selbstverständlich schien, lässt sich staunend neu entdecken. Menschen nehmen die Welt in ihrem Bezug auf Gott, den tragenden Grund allen Lebens, wahr und beginnen zu danken. Nicht nur für das, was sie erfreut und glücklich macht, sondern auf eigentümliche Weise auch für das, was ihnen Kummer bereitet und sie niederdrückt. Genau genommen danken sie nicht für die Not als solche, sondern ihr Dank gilt Gott, von dessen schützender Treue nichts sie trennen kann. In dieser Gewissheit wird auch das Leiden tragbar.

Dank für deinen Trost, o Herr, / Dank selbst für die schlimmen Stunden, / da im aufgewühlten Meer / sinkend schon ich Halt gefunden. / Du hörst auch den stummen Schrei, / gehst im Dunkeln nicht vorbei.
(EG 383,2)

Wenn du gegessen hast und satt bist, sollst du den Herrn, deinen Gott, loben für das gute Land, das er dir gegeben hat. (5. Mose 8,10)

Wisst, dass euer Glaube, wenn er bewährt ist, Geduld wirkt. Die Geduld aber soll ihr Werk tun bis ans Ende. (Jakobus 1,3–4)

> Aus Frage 28
> Gott will, dass wir in aller Widerwärtigkeit geduldig, in Glückseligkeit dankbar und auf die Zukunft hin voller Vertrauen zu unserem treuen Gott und Vater sind.

Der Glaube, dass Gott in der Natur und in der Geschichte aktuell wirkt, ist seit der Neuzeit in die Krise gekommen. Wie lassen sich das Böse und all die Schrecken dieser Welt nicht nur emotional, sondern auch gedanklich fassen und verarbeiten? Kann man vom gegenwärtigen Wirken Gottes noch reden und seine Allmacht bekennen? Im Angesicht des Eindrucks von Ohnmacht und Abwesenheit Gottes wirbt der Katechismus für Vertrauen: Die Wege des Schöpfers mit seinem Geschöpf sind noch nicht zu Ende. Der Schöpfungsgedanke wird zur existenziellen Quelle des Trostes, in einer todessehnsüchtigen Welt und trotz allem, was dagegen spricht, von Gott um Jesu Christi willen gehalten zu werden.

Wie ein Palmbaum grün und kräftig werd ich stehn, / wachsen werd ich wie die Zeder auf den Höhn / und dem Sturme trotzend leben in der Welt. / Denk an Gott nur und vergiss nicht, wer dich hält! (EG 284,4)

# Zu Jesus Christus gehören

Maria wird einen Sohn gebären, dem sollst du den Namen Jesus geben, denn er wird sein Volk retten von ihren Sünden. (Matthäus 1,21)

Jesus kann für immer selig machen, die durch ihn zu Gott kommen; denn er lebt für immer und bittet für sie. (Hebräer 7,25)

Aus Frage 29
Warum wird der Sohn Gottes Jesus, das heißt „Heiland", genannt? Weil er uns heilt von unseren Sünden.

Der Katechismus argumentiert in weiten Teilen von der Person und dem Wirken Jesu Christi her. Es ist ein umfassender Trost, zu ihm zu gehören, da er den Menschen Gerechtigkeit und neues Leben erwirbt. Anhand seines Namens „Jesus“, hier als „Heiland“ wiedergegeben, wird anschaulich, was er bewirkt: Er heilt den Menschen von seiner Sünde. Wie sich ein Arzt einem erkrankten Menschen zuwendet, so rettet Jesus Christus den Menschen von der Krankheit der Gottesferne. Seine Beziehungen zu Gott, zu anderen Menschen und zu sich selbst sind gestört – doch Jesus Christus verbindet und heilt.

Also liebt Gott die arge Welt, / dass er ihr seinen Sohn und Held, / den einzigen, gegeben, / auf dass, wer glaubend bei ihm steht, / in Sünde nicht verloren geht / und hat das ewge Leben. (EG 51,1)

Einen Propheten wie mich wird dir der Herr, dein Gott, erwecken aus dir und aus deinen Brüdern; dem sollt ihr gehorchen. (5. Mose 18,15)

Jesus Christus spricht: Alles, was ich von meinem Vater gehört habe, habe ich euch kundgetan.
(Johannes 15,15)

Aus Frage 31
Jesus Christus ist von Gott dem Vater eingesetzt zu unserem obersten Propheten und Lehrer, der uns Gottes verborgenen Rat und Willen von unserer Erlösung vollkommen offenbart.

Im Neuen Testament wird Jesus als „Christus" bezeichnet, was in der Grundbedeutung „Gesalbter" bzw. „Messias" heißt. Der Katechismus stellt eine enge Verbindung her zu den Aufgaben der Propheten, Priester und Könige Israels, die als Zeichen ihrer göttlichen Beauftragung gesalbt wurden. Jesus Christus erweist sich als ein solcher „Gesalbter". Er nimmt den Dienst eines Propheten und Lehrers wahr und macht den „verborgenen Rat und Willen" Gottes bekannt. Dieser Rat und Wille umfasst vor allem die Erlösung. Menschen vernehmen die Botschaft, dass ihr Leben von den Fesseln der selbstverschuldeten Versklavung unter die Sünde befreit und auf Gott hin neu ausgerichtet wird.

Weil Gott in tiefster Nacht erschienen, / kann unsre Nacht nicht traurig sein! / Bist du der eignen Rätsel müd? / Es kommt, der alles kennt und sieht! (EG 56,2)

Der Herr hat geschworen, und es wird ihn nicht gereuen: „Du bist ein Priester ewiglich nach der Weise Melchisedeks." (Psalm 110,4)

Wer will verdammen? Christus Jesus ist hier, der gestorben ist, ja vielmehr, der auch auferweckt ist, der zur Rechten Gottes ist und uns vertritt. (Römer 8,34)

Aus Frage 31
Jesus Christus ist von Gott dem Vater eingesetzt zu unserem einzigen Hohenpriester, der uns mit dem einmaligen Opfer seines Leibes erlöst hat und uns alle Zeit mit seiner Fürbitte vor dem Vater vertritt.

Zur Funktion des Propheten tritt Jesu Christi Wirken als Priester hinzu. Er vollzieht diesen Dienst, indem er für die Menschen eintritt, sie durch sein Opfer am Kreuz erlöst und für sie fortwährend betet. Sein eigenes Leben hat er für die verlorene Sache der Menschen eingesetzt – ein für alle Mal, unwiederholbar und bleibend gültig. Dies ist mehr als eine historische Erinnerung. Die Botschaft von der Erlösung wirkt mitten hinein in das je aktuelle Leben, da der gekreuzigte und auferstandene Herr für die Seinen betet und gute Worte für sie einlegt.

Wir ziehen seine Straße, / er trägt das Kreuz uns allen, / für uns ist er gefallen, / für uns ist er gefallen.
Für uns hat er gelitten, / für uns ist er erstanden / aus Jammer, Tod und Schanden, / aus Jammer, Tod und Schanden. (EG 558,3+4)

Gott spricht: Ich habe meinen König eingesetzt auf meinem heiligen Berg Zion. (Psalm 2,6)

Jesus Christus spricht: Mir ist gegeben alle Gewalt im Himmel und auf Erden. (Matthäus 28,18)

> Aus Frage 31
> Christus ist von Gott dem Vater eingesetzt zu unserem ewigen König, der uns mit seinem Wort und Geist regiert und bei der erworbenen Erlösung schützt und erhält.

Mit dem Dienst eines Königs schreibt der Katechismus Jesus Christus noch eine dritte Funktion zu. Er übt den Dienst eines Königs aus, indem er die Gemeinde mit seinem Wort und Geist regiert und in ihnen die geschehene Erlösung bekräftigt. Auch wenn die Person und Rolle eines Königs in demokratischen Zeiten zunehmend fremder geworden ist, bleibt der Sinngehalt dieser Bezeichnung für Jesus Christus deutlich: So kompromisslos er den Weg in die Tiefe ans Kreuz gegangen ist, so entschlossen übt er seine Herrschaft über die Gemeinde aus und bewahrt sie davor, von innen oder von außen her zerstört zu werden. Die Bitte um diese Bewahrung hat ihren besonderen Ort im Gottesdienst, in dem die Feiernden durch Worte und Zeichen erfahren: Gottes Wege mit seiner Gemeinde haben noch kein Ende.

Christus ist König, jubelt laut! / Brüder und Schwestern, auf ihn schaut. / Die Welt soll sehn, wem ihr vertraut. / Halleluja, Halleluja, Halleluja. (EG 269,1)

Gott spricht: Ich will meinen Geist ausgießen über alles Fleisch, und eure Söhne und Töchter sollen weissagen, eure Alten sollen Träume haben, und eure Jünglinge sollen Gesichte sehen. (Joel 3,1)

Die Salbung, die ihr von ihm empfangen habt, bleibt in euch. (1. Johannes 2,27)

> Aus Frage 32
> Warum wirst aber du ein Christ genannt? Weil ich durch den Glauben ein Glied Christi bin und dadurch an seiner Salbung Anteil habe.

Das Besondere an den Beschreibungen der Dienste Jesu Christi als Prophet, Priester und König besteht darin, dass die durch den Glauben mit ihm verbundenen Menschen an dieser Salbung Anteil haben. Darum tragen sie den Namen „Christen“. Sie sind beauftragt und befähigt zum prophetischen, priesterlichen und königlichen Dienst. Als „Propheten“ machen sie Jesu Christi Namen öffentlich bekannt und tragen Sorge dafür, dass der in ihm erschienene Glanz des Friedens und der Gerechtigkeit schon heute erstrahlt. Als „Priester“ teilen sie ihr Leben mit anderen und setzen ihre Zeit und Energie für sie ein. Als „Könige“ stellen sie sich allen Gewalten, die das Leben zerstören wollen, entgegen. Ihnen ist zugesagt, nach diesem Leben an Jesu Christi himmlischer Herrschaft Anteil zu haben.

Den Geist, der heilig insgemein / lässt Christen Christi Kirche sein, / bis wir, von Sünd und Fehl befreit, / ihn selber schaun in Ewigkeit. / Amen. (EG 184,5)

Der Geist selbst gibt Zeugnis unserm Geist, dass wir Gottes Kinder sind. (Römer 8,16)

Gott hat uns dazu vorherbestimmt, seine Kinder zu sein durch Jesus Christus nach dem Wohlgefallen seines Willens, zum Lob seiner herrlichen Gnade, mit der er uns begnadet hat in dem Geliebten. (Epheser 1,5–6)

> Aus Frage 33
> Wir sind um Jesu Christi willen aus Gnade als Kinder Gottes angenommen.

Das Glaubensbekenntnis bezeichnet Jesus Christus als Gottes „eingeborenen Sohn“ und beschreibt damit die enge Beziehung zwischen dem Vater und dem Sohn. Gemeint ist damit, dass Jesus Christus Gottes einziger und darum besonderer Sohn ist. Mehr noch: Er wurde nicht wie ein anderes Geschöpf geschaffen, sondern „geboren“, was bedeutet: Jesus Christus teilt mit dem Vater das gleiche Wesen, ist Gott selbst und von ihm nicht zu trennen. In Jesus Christus spricht Gott selbst zu den Menschen. Der Katechismus belässt es nicht bei dieser Aussage, sondern zieht daraus eine existenzielle Konsequenz: Indem Gott sich unlösbar zu seinem Sohn bekennt, nimmt er die Menschen zu seinen Kindern an. Ihrem Wesen nach ganz und gar nicht göttlich, sind sie Gottes Geschöpfe und leben als seine Kinder, weil er sich um Jesu Christi willen dazu entschlossen hat.

Gott Vater, du hast deinen Namen / in deinem lieben Sohn verklärt / und uns, sooft wir zu dir kamen, / die Vatergnade neu gewährt. (EG 208,1)

Wohl dem, dem die Übertretungen vergeben sind, dem die Sünde bedeckt ist! (Psalm 32,1)

Jesus Christus musste in allem seinen Brüdern gleich werden, damit er barmherzig würde und ein treuer Hoherpriester vor Gott, zu sühnen die Sünden des Volkes. (Hebräer 2,17)

> Aus Frage 36
> Jesus Christus ist unser Mittler, und er bedeckt vor Gottes Angesicht mit seiner Unschuld und vollkommenen Heiligkeit meine Sünde, in der ich immer schon lebe.

Die Geburt Jesu Christi weist weit über das erfreuliche Ereignis, dass Eltern ein Kind geschenkt wurde, hinaus. Mit der Geburt Jesu von Nazareth ist bereits sein Wirken und sein Nutzen für die Menschen ausgesagt: Als Mittler zwischen dem heiligen Gott und dem von Natur aus ganz und gar nicht heiligen Menschen befreit er sie aus ihrem hoffnungslosen Zustand. Vom Angesicht des Kindes in der Krippe wandert der Blick auf den erwachsenen Gottessohn am Kreuz. Dort überwindet er die Trennung des Menschen von Gott und dessen Unfähigkeit zu lieben. Jesus Christus „bedeckt" die Sünde, so dass Gott sie nicht mehr anschaut. Er schaut nun den Menschen als einen solchen an, den Jesus Christus wiedergewonnen hat.

Wir sind nicht mehr die Knechte / der alten Todesmächte / und ihrer Tyrannei. / Der Sohn, der es erduldet, / hat uns am Kreuz entschuldet. / Auch wir sind Söhne und sind frei. (EG 94,5)

Jesus Christus ist die Versöhnung für unsre Sünden, nicht allein aber für die unseren, sondern auch für die der ganzen Welt. (1. Johannes 2,2)

Darin besteht die Liebe: nicht dass wir Gott geliebt haben, sondern dass er uns geliebt hat und gesandt seinen Sohn zur Versöhnung für unsre Sünden.
(1. Johannes 4,10)

> Aus Frage 37
> Jesus Christus hat uns Gottes Gnade, Gerechtigkeit und ewiges Leben erworben.

Das Leiden Jesu Christi löst Befremden und Entsetzen aus. Warum musste er leiden und den grausamen Tod am Kreuz sterben? Beim Leiden und Sterben Jesu Christi handelt es sich nicht um das tragische und für sich stehende Geschick eines gescheiterten Menschen. Jesus Christus litt und starb, um den verlorenen Menschen zu retten. An dem Wort „uns" hängt alles: Der Gottessohn litt und starb, um die Menschen wieder mit Gott zusammenzubringen und ihnen neues Leben zu eröffnen. Ohne das zu sehen, bleibt die Passionsgeschichte so dunkel wie die auf Golgatha hereinbrechende Finsternis. Das Wort „uns" besagt: Die Heilung der elenden Entfremdung des Menschen von Gott, seinem Nächsten und sich selbst geschieht ohne ihn, an ihm und ihm zugute.

Holz auf Jesu Schulter, / von der Welt verflucht, / ward zum Baum des Lebens / und bringt gute Frucht. / Kyrie eleison, / sieh, wohin wir gehen. / Ruf uns aus den Toten, / lass uns auferstehn. (EG 97,1)

Sind wir aber mit Christus gestorben, so glauben wir, dass wir auch mit ihm leben werden. (Römer 6,8)

Ich ermahne euch nun, liebe Brüder, durch die Barmherzigkeit Gottes, dass ihr eure Leiber hingebt als ein Opfer, das lebendig, heilig und Gott wohlgefällig ist. Das sei euer vernünftiger Gottesdienst. (Römer 12,1)

> Aus Frage 43
> Durch die Kraft Christi wird unser alter Mensch mit ihm gekreuzigt, getötet und begraben, damit die Sünde uns nicht mehr beherrscht, sondern wir uns ihm zu einem lebendigen Dankopfer hingeben.

Niemand kann sich wie Baron von Münchhausen selbst am eigenen Schopf aus dem Abgrund emporziehen. Wenn es Rettung vor dem Verderben gibt, so verdankt diese sich der „Kraft Christi“, der die Herrschaft der Sünde durchbrochen hat. Sind seit dem Kreuzestod Jesu Christi also alle Wunden geheilt, und ist die Welt in eine bessere verwandelt? Offensichtlich nicht. Dennoch: Mit Jesu Christi Sterben und dem Wunder seiner Auferstehung ist etwas Neues entstanden. Das Böse hat sein Existenzrecht verloren. Seit Golgatha ist die Sünde ein Anachronismus, der es verbietet, mit ihr weiter Kompromisse einzugehen. Christen bitten Gott um Vergebung und danken ihm durch Worte und Werke.

Loben wollen wir und ehren / unsern Heiland Jesus Christ, / der, damit wir ewig leben, / solches Sterben auf sich nimmt. (EG RWL 555,7)

Um die neunte Stunde schrie Jesus laut: Eli, Eli, lama asabtani? Das heißt: Mein Gott, mein Gott, warum hast du mich verlassen? (Matthäus 27,46)

Dazu ist auch den Toten das Evangelium verkündigt, dass sie nach Gottes Weise das Leben haben im Geist. (1. Petrus 4,6)

> Aus Frage 44
> Mir wird zugesagt, dass ich selbst in meinen schwersten Anfechtungen gewiss sein darf, dass mein Herr Christus mich von der höllischen Angst und Pein erlöst hat, weil er auch an seiner Seele unaussprechliche Angst am Kreuz und schon zuvor erlitten hat.

Wie soll man sich die „Höllenfahrt" Jesu Christi vorstellen? Mythologische Spekulationen über einen Abstieg Jesu Christi in die Unterwelt führen nicht weiter. Er ist keine leidensunfähige Gottheit, sondern hat Todesangst ausgestanden, die sein Innerstes qualvoll berührt hat. Das ist zugleich eine Trostbotschaft für Menschen, welche selbst höllische Angst erleben oder die Hölle auf Erden durchmachen. Sie erfahren, dass Jesus Christus solche Grenzsituationen bereits am eigenen Leib und an der eigenen Seele erlebt und überwunden hat. Dank seiner Auferstehung ist das Sterben kein Ort der Gottverlassenheit, sondern der Gottesnähe.

Gottes Wort ist wie Licht in der Nacht; / es hat Hoffnung und Zukunft gebracht; / es gibt Trost, es gibt Halt / in Bedrängnis, Not und Ängsten, / ist wie ein Stern in der Dunkelheit. (EG RWL 591)

Wenn aber Christus gepredigt wird, dass er von den Toten auferstanden ist, wie sagen dann einige unter euch: Es gibt keine Auferstehung der Toten?
(1. Korinther 15,12)

Wenn nun der Geist dessen, der Jesus von den Toten auferweckt hat, in euch wohnt, so wird er, der Christus von den Toten auferweckt hat, auch eure sterblichen Leiber lebendig machen durch seinen Geist, der in euch wohnt. (Römer 8,11)

Aus Frage 45
Die Auferstehung Christi ist uns ein verlässliches Pfand unserer seligen Auferstehung.

Die Botschaft von der Auferstehung wird zu einer aktuellen Lebenskraft. In einer zwiespältigen und verwirrenden Welt können Menschen von einer Hoffnung zehren, die das Alltägliche, Zeitliche und Vorläufige überdauert und in das Licht der Ewigkeit stellt. Die Hoffnung auf die eigene Auferstehung ist verlässlich, da deren einziger und hinreichender Grund die Auferstehung Jesu Christi ist. Diese ist nicht nur ein Datum der Vergangenheit, sondern greift hinein in die drängende Lebensfrage von Menschen, worauf sie für sich selbst und für die Verstorbenen aus gutem Grund hoffen dürfen. Solches Hoffen und Harren macht niemanden zum Narren.

Gott liebt diese Welt. / In den Todesbanden / keine Macht ihn hält, / Christus ist erstanden: / Leben für die Welt! (EG 409,6)

Jesus Christus spricht: Ich will den Vater bitten und er wird euch einen andern Tröster geben, dass er bei euch sei in Ewigkeit. (Johannes 14,16)

Seid ihr nun mit Christus auferstanden, so sucht, was droben ist, wo Christus ist, sitzend zur Rechten Gottes. (Kolosser 3,1)

> Aus Frage 49
> Jesus Christus, sitzend zur Rechten Gottes, sendet seinen Geist zu uns, der uns die Kraft gibt, zu suchen, was droben ist, und nicht das, was auf Erden gilt.

Der Katechismus spekuliert nicht über die Himmelfahrt Jesu Christi, sondern erwägt ihren Nutzen für die Glaubenden. Jesus Christus als leiblich Abwesender sendet seinen Geist, damit die Glaubenden ihre Gedanken auf das Himmlische ausrichten. Sie beziehen sich auf etwas, das höher ist als ihre Vernunft und unverlierbar bis in Ewigkeit trägt. So können sie in einer Welt von verwirrender Schönheit und verstörender Abgründigkeit glaubend hoffen und hoffend glauben. Glaubenserkenntnis ist eine vorläufige Erkenntnis und dabei ein bewegtes Zu-erkennen-Suchen, nie ein fertiges Schon-erkannt-Haben.

Der Himmel, der kommt, / das ist die fröhliche Stadt / und der Gott mit dem Antlitz des Menschen.
Der Himmel, der kommt, / grüßt schon die Erde, die ist, / wenn die Liebe das Leben verändert.
(EG 153,4+5)

Jesus Christus spricht: Ich gebe ihnen das ewige Leben, und sie werden nimmermehr umkommen, und niemand wird sie aus meiner Hand reißen.
(Johannes 10,28)

Der hinabgefahren ist, das ist derselbe, der aufgefahren ist über alle Himmel, damit er alles erfülle.
(Epheser 4,10)

Aus Frage 51
Jesus Christus schützt und erhält uns mit seiner Macht gegen alle Feinde.

Die christliche Botschaft ruft nicht nur Zustimmung, sondern auch Ablehnung, bisweilen sogar Feindschaft hervor. Diese dunkle Erfahrung machen Christen in zahlreichen Ländern. Sie befinden sich in einer Situation, die Benachteiligung und gelegentlich sogar Angst um das eigene Leben hervorruft. Es ist faszinierend und bewegend zugleich, wie Christen trotz aller Widrigkeiten am Glauben festhalten und diesen verteidigen. Für sie zu beten und sich zugleich politisch für das Menschenrecht der Religionsfreiheit einzusetzen, ist ein elementarer ökumenischer Dienst. Dieser ist getragen von der Ermutigung, dass Jesus Christus seine Gemeinde selbst schützt und erhält. Wer die Christen von der Landkarte ausradieren will, führt Krieg gegen ihren Herrn.

Er ist erstanden, Halleluja! / Freut euch und singet, Halleluja! / Denn unser Heiland hat triumphiert, / all seine Feind gefangen er führt. (EG 116,1)

Jesus Christus spricht: Wenn aber dieses anfängt zu geschehen, dann seht auf und erhebt eure Häupter, weil sich eure Erlösung naht. (Lukas 21,28)

Unser Bürgerrecht aber ist im Himmel; woher wir auch erwarten den Heiland, den Herrn Jesus Christus, der unsern nichtigen Leib verwandeln wird, dass er gleich werde seinem verherrlichten Leibe.
(Philipper 3,20–21)

> Aus Frage 52
> In aller Trübsal und Verfolgung darf ich mit erhobenem Haupt aus dem Himmel eben den Richter erwarten, der sich zuvor für mich dem Gericht Gottes gestellt und alle Verurteilung von mir genommen hat.

Beim ersten Erwägen löst die Wiederkunft Jesu Christi zum Gericht Beklemmung aus. Mit welchen Augen wird er, der Richter, die Menschen anblicken? Mit zornigem oder freundlichem Antlitz? Laut Katechismus hat Jesu Christi Kommen zum Gericht etwas Tröstliches und ist kein Schrecken. Der Grund dafür liegt bei Jesus Christus selbst, der das gerechte „Nein“ Gottes über die Menschen auf sich geladen hat. Die grauen Nebel der Angst verziehen sich und verwandeln sich in die Zuversicht, dass Jesus Christus der gnädige Richter sein wird.

Gott will im Dunkel wohnen / und hat es doch erhellt. / Als wollte er belohnen, / so richtet er die Welt. / Der sich den Erdkreis baute, / der lässt den Sünder nicht. / Wer hier dem Sohn vertraute, / kommt dort aus dem Gericht. (EG 16,5)

# Geistesgegenwart

Gott ist's aber, der uns fest macht samt euch in Christus und uns gesalbt und versiegelt und in unsre Herzen als Unterpfand den Geist gegeben hat.
(2. Korinther 1,21–22)

Der Geist, der ein Geist der Herrlichkeit und Gottes ist, ruht auf euch. (1. Petrus 4,14)

> Aus Frage 53
> Der Heilige Geist ist auch mir gegeben und gibt mir durch wahren Glauben Anteil an Christus und allen seinen Wohltaten.

Gott wirkt durch seinen Geist am zerbrechlichen und verletzlichen Menschen. Dieser wird nicht auf sich selbst und seine Grenzen zurückgeworfen. Über seinem Leben reißt gleichsam der Himmel auf und dringt in sein Herz. Gottes Größe hält ihn nicht davon ab, den einzelnen Menschen wertzuschätzen und ihn in Bewegung zu versetzen. Das Ziel dieser Bewegung ist die Teilhabe an Jesus Christus und seiner Befreiung. In der Kraft von Gottes Geist bleiben die Glaubenden auf Dauer mit den Wohltaten Jesu Christi verbunden.

Ihr werdet die Kraft des Heiligen Geistes, / des Heiligen Geistes empfangen / und werdet meine Zeugen sein, / und werdet meine Zeugen sein, / meine Zeugen, meine Zeugen sein. / Ihr werdet die Kraft des Heiligen Geistes empfangen. (EG 132)

Der Herr sprach zu Isaak: Ich will deine Nachkommen mehren wie die Sterne am Himmel und will deinen Nachkommen alle diese Länder geben. Und durch dein Geschlecht sollen alle Völker auf Erden gesegnet werden. (1. Mose 26,4)

Gott wird euch auch fest erhalten bis ans Ende, dass ihr untadelig seid am Tag unseres Herrn Jesus Christus. Denn Gott ist treu, durch den ihr berufen seid zur Gemeinschaft seines Sohnes Jesus Christus, unseres Herrn. (1. Korinther 1,8–9)

> Aus Frage 54
> Ich glaube, dass der Sohn Gottes aus dem ganzen Menschengeschlecht sich eine auserwählte Gemeinde zum ewigen Leben durch seinen Geist und Wort versammelt, schützt und erhält.

Die Gemeinde ist sich nicht selbst genug, sondern auf die eine weltweite Kirche bezogen. Eine Einzelgemeinde oder eine einzelne Kirche darf sich nicht als auserwählt im Unterschied zu anderen verstehen. Menschen unterschiedlicher ethnischer, sozialer, religiöser und kultureller Verhältnisse bekennen sich gemeinsam zum einen Herrn. Das Evangelium überwindet Zeiten und Räume und verlockt Menschen, sich an der Vielfalt des Gottesvolkes zu freuen, das seinerseits ein Abbild von Gottes eigenem schöpferischen Reichtum ist.

Bewahre uns, Gott, / behüte uns, Gott, / sei mit uns auf unsern Wegen. / Sei Quelle und Brot / in Wüstennot, / sei um uns mit deinem Segen. (EG 171,1)

Das Auge kann nicht sagen zu der Hand: Ich brauche dich nicht; oder auch das Haupt zu den Füßen: Ich brauche euch nicht. (1. Korinther 12,21)

Ein jeder sehe nicht auf das Seine, sondern auch auf das, was dem andern dient. (Philipper 2,4)

> Aus Frage 55
> Jeder soll seine Gaben willig und mit Freuden zum Wohl und Heil der anderen gebrauchen.

Die Gemeinde ist mehr als die Summe der guten und schlechten Erlebnisse, die Menschen in und mit ihr machen. Der Einzelne ist Teil einer umfassenden weltumspannenden Gemeinschaft. Ein selbstbezogenes Privatchristentum wäre ein Widerspruch in sich selbst. Die Christen sind eng aufeinander bezogen, mehr noch: Ihre Gemeinschaft in der Kirche ist eine ausgesprochen fruchtbare Gestalt menschlicher Existenz, da sie Nutzen für alle bringt, Menschen diakonisch aneinander handeln lässt und sich dem Egoismus zugunsten einer Kultur des gegenseitigen Erbarmens widersetzt.

In das Leid der Welt hast du uns gestellt, / deine Liebe zu bezeugen. / Lass uns Gutes tun und nicht eher ruhn, / bis wir dich im Lichte sehn. / Herr, wir bitten: Komm und segne uns; / lege auf uns deinen Frieden. / Segnend halte Hände über uns. / Rühr uns an mit deiner Kraft. (EG RWL 607,4)

So fern der Morgen ist vom Abend, lässt der Herr unsre Übertretungen von uns sein. (Psalm 103,12)

Gott war in Christus und versöhnte die Welt mit sich selber und rechnete ihnen ihre Sünden nicht zu und hat unter uns aufgerichtet das Wort von der Versöhnung. (2. Korinther 5,19)

> Aus Frage 56
> Gott will um Christi willen aller meiner Sünden, auch der sündigen Art, mit der ich mein Leben lang zu kämpfen habe, nicht mehr gedenken.

Der Heilige Geist wirkt das Vertrauen, dass Gott den Menschen vergibt, indem er sie von ihren Sünden befreit. Mit den Worten des Katechismus gesagt: Gott gedenkt ihrer Sünden nicht mehr. Er vergisst und vergibt sie. Was gewesen ist, das ist ein für allemal vergeben und vergessen, weil Gott etwas Neues mit den Menschen anfängt. Niemand ist auf sein verfehltes Tun festgelegt. Um Jesu Christi willen ist die Erneuerung des Lebens möglich. Ob sich in ähnlicher Weise im sensiblen zwischenmenschlichen Bereich und auch zwischen den Völkern solche Strukturen der Vergebung und des Neuanfangs kultivieren lassen? Das wäre ein mächtiger Windstoß des göttlichen Geistes.

Du kannst nicht tiefer fallen / als nur in Gottes Hand, / die er zum Heil uns allen / barmherzig ausgespannt.
Es münden alle Pfade / durch Schicksal, Schuld und Tod / doch ein in Gottes Gnade / trotz aller unsrer Not.
(EG 533,1+2)

Ist meine Haut noch so zerschlagen und mein Fleisch dahingeschwunden, so werde ich doch Gott sehen. Ich selbst werde ihn sehen, meine Augen werden ihn schauen. (Hiob 19,26–27)

Jesus Christus spricht: Wahrlich, ich sage dir: Heute wirst du mit mir im Paradies sein. (Lukas 23,43)

> Aus Frage 57
> Nach diesem Leben werde ich durch die Kraft Christi auferweckt werden und zu Christus, meinem Herrn, kommen.

Der Tod beendet das irdische Leben und unterbricht es nicht bloß. Alle Vorstellungen, welche die Wirklichkeit des Todes verharmlosen, machen falsche Hoffnungen und lassen die Menschen hoffnungslos zurück. Die christliche Hoffnung gründet darauf, dass Jesus Christus durch seine Auferstehung dem Tod die Macht genommen hat. Das menschliche Sterben wird zu einem Sterben in der Gemeinschaft mit dem Auferstandenen. Indem der Tod eine Grenze des Lebens, Gott aber die Grenze des Todes ist, währt der Tod nicht ewig. Menschen sterben in Gottes ewiges Leben hinein, haben an seiner Zeit teil und begegnen ihrem Herrn. Die Bibel nennt das „ewiges Leben“.

Muss ich von hier nach dort – / er hat den Weg erlitten. / Der Fluss reißt mich nicht fort, / seit Jesus ihn durchschritten. / Wär er geblieben, wo des Todes Wellen branden, / so hofften wir umsonst. / Doch nun ist er erstanden, / erstanden, erstanden, erstanden.
(EG 117,3)

Das ist das ewige Leben, dass die Menschen dich, der du allein wahrer Gott bist, und den du gesandt hast, Jesus Christus, erkennen. (Johannes 17,3)

Darum seufzen wir auch und sehnen uns danach, dass wir mit unserer Behausung, die vom Himmel ist, überkleidet werden. (2. Korinther 5,2)

> Aus Frage 58
> Schon jetzt empfinde ich den Anfang der ewigen Freude in meinem Herzen. Nach diesem Leben aber werde ich vollkommene Seligkeit besitzen.

Die Hoffnung auf das ewige Leben in der ungebrochenen Gemeinschaft mit Gott wirft ein Licht zurück auf das irdische Leben. Der „Morgenglanz der Ewigkeit" gibt einen Vorgeschmack auf die Vollendung des Daseins und weckt Vorfreude auf die „vollkommene Seligkeit". Die Gegenwart wird zu einer von der Ewigkeit her qualifizierten Zeit. Im Angesicht der vielfach als belastend und leidvoll erfahrenen Gegenwart leben Christen in der gespannten Erwartung auf ein Heilwerden der geschlagenen Wunden. Im Horizont der Vollendung bekommen Grenzerfahrungen einen neuen Stellenwert: So schwer sie zu ertragen sind, so wenig sind sie das letzte Wort über einem Leben.

Ich lobe meinen Gott, der meine Tränen trocknet, dass ich lache. / Ich lobe meinen Gott, der meine Angst vertreibt, damit ich atme. / Ehre sei Gott auf der Erde / in allen Straßen und Häusern, / die Menschen werden singen, / bis das Lied zum Himmel steigt: / Ehre sei Gott und den Menschen Frieden. (EG RWL 673,3)

Aus Gnade seid ihr selig geworden durch Glauben, und das nicht aus euch: Gottes Gabe ist es, nicht aus Werken, damit sich nicht jemand rühme. (Epheser 2,8)

Jesus Christus ist die Versöhnung für unsre Sünden, nicht allein aber für die unseren, sondern auch für die der ganzen Welt. (1. Johannes 2,2)

> Aus Frage 60
> Gott schenkt mir ganz ohne mein Verdienst aus lauter Gnade die vollkommene Genugtuung, Gerechtigkeit und Heiligkeit Christi.

Hier schlägt das Herz der Reformation und – schon vom Aufbau her – des Katechismus: Gott setzt den Menschen ohne dessen Zutun ins Recht und lässt ihn vor sich gelten. Dieser Gedanke steht quer zur Überzeugung, der Schmied des eigenen Glücks zu sein und sich selbst Geltung verschaffen zu müssen. Die zerstörerischen Wirkungen des Lebensmottos, dass Leistung alles sei, sind überall zu besichtigen – mit ihren negativen psychosomatischen und psychosozialen Begleiterscheinungen. Der Glaube erhebt Einspruch: Gott legt niemanden auf seine Leistung oder sein Versagen fest. Vor ihm stehen alle ohne Ansehen da, und er sieht sie an, verleiht ihnen Ansehen und weckt in ihnen das Vertrauen, bei ihm unendlich viel zu gelten.

Werft das stolze Sorgen fort, / bittet Gott mit Danken. / Sieh, es leuchtet seine Gnad / über eurem schmalen Pfad, / führt euch durch alle Schranken. (EG 359,4)

Nun sind wir alle wie die Unreinen, und alle unsre Gerechtigkeit ist wie ein beflecktes Kleid. Wir sind alle verwelkt wie die Blätter, und unsre Sünden tragen uns davon wie der Wind. (Jesaja 64,5)

Jesus Christus spricht: Wenn ihr alles getan habt, was euch befohlen ist, so sprecht: Wir sind unnütze Knechte. (Lukas 17,10)

> Aus Frage 62
> Auch unsere besten Werke sind in diesem Leben alle unvollkommen und mit Sünde befleckt.

Der Glaube macht menschliche Leistung keineswegs verächtlich. Es ist gut, wenn Menschen ihr Leben aktiv gestalten und Verantwortung für sich und andere übernehmen können. Das gilt erst recht für solche Tätigkeiten, die im Dienst derer geschehen, die auf Hilfe angewiesen sind. Wer wollte bestreiten, dass kulturelle, zivilisatorische und diakonische Leistungen wertvolle und tragende Säulen des Zusammenlebens sind? Nicht um das klein zu reden, sondern um es nüchtern einzuschätzen, gilt: Auch ausgezeichnete Werke sind nicht perfekt, und Perfektionismus gehört nicht zu den göttlichen Geboten. Was Menschen jenseits von Eden leisten, ist ein Beginnen und wartet auf eine Vollendung, die außerhalb ihrer Möglichkeiten liegt.

Da alles, was der Mensch beginnt, / vor seinen Augen noch zerrinnt, / sei du selbst der Vollender. / Die Jahre, die du uns geschenkt, / wenn deine Güte uns nicht lenkt, / veralten wie Gewänder. (EG 64,2)

Jesus Christus spricht: Ein guter Baum kann nicht schlechte Früchte bringen und ein fauler Baum kann nicht gute Früchte bringen. (Matthäus 7,18)

Ihr seid teuer erkauft; darum preist Gott mit eurem Leibe. (1. Korinther 6,20)

> Aus Frage 64
> Es ist unmöglich, dass Menschen, die Christus durch wahren Glauben eingepflanzt sind, nicht Frucht der Dankbarkeit bringen.

Es ist nicht gleichgültig, wie Menschen leben. Verantwortungslos zu handeln, wäre ein Missverständnis der Botschaft, dass sie ohne eigene Leistung vor Gott etwas gelten. Gottes Geist macht sie fantasievoll und erfinderisch für ein dankbares Leben in der Nachfolge Jesu Christi. Er, der das Leben von seiner Verwicklung in die Macht der Sünde erlöst, erhebt Anspruch auf den befreiten Menschen. Der Nachgeschmack dieser Befreiung besteht in der tätigen Dankbarkeit. Nicht von seinem Befreier losgelöst, sondern an ihn gebunden bezeugen Menschen durch ihr Reden und Handeln die ihnen widerfahrene Befreiung, Vergebung und Annahme. Diese „Frucht der Dankbarkeit“ kommt der Gemeinschaft mit anderen zugute und macht das eigene Leben für die verwandelnde Kraft von Gottes Geist durchsichtig.

Dienste leben viele aus einem Geist, / Geist von Jesus Christus. / Dienste leben viele aus einem Geist – / und wir sind eins durch ihn. (EG 268,4)

# Sakramente: Wahrzeichen und Siegel

Jesus Christus spricht: Gehet hin und machet zu Jüngern alle Völker: Taufet sie auf den Namen des Vaters und des Sohnes und des Heiligen Geistes.
(Matthäus 28,19)

Ihr seid wiedergeboren nicht aus vergänglichem, sondern aus unvergänglichem Samen, nämlich aus dem lebendigen Wort Gottes, das da bleibt. (1. Petrus 1,23)

> Aus Frage 65
> Der Heilige Geist wirkt den Glauben in unseren Herzen durch die Predigt des heiligen Evangeliums und bestätigt ihn durch den Gebrauch der heiligen Sakramente.

Die Sakramente Taufe und Abendmahl treten zur Verkündigung des Evangeliums hinzu. Sie machen das, was im Evangelium zugesprochen wird, besser verständlich, indem sie es versinnbildlichen, bestätigen und versiegeln. Die entscheidende treibende Kraft ist der Heilige Geist. Er macht die frohe Botschaft, dass Gott den Menschen bedingungslos annimmt, ihm vergibt und in ein neues Leben in der Gemeinschaft mit Jesus Christus führt, glaubwürdig und gewiss. Die Beziehung zu Jesus Christus hat Bestand und trägt in der Not. Daran wird die Taufe und Abendmahl feiernde Gemeinde erinnert.

Dank sei dir, Herr Jesu Christ, / dass wir dich noch haben / und dass du gekommen bist, / Leib und Seel zu laben. (EG 418,4)

Ihr seid rein gewaschen, ihr seid geheiligt, ihr seid gerecht geworden durch den Namen des Herrn Jesus Christus und durch den Geist unseres Gottes.
(1. Korinther 6,11)

So sind wir ja mit Christus begraben durch die Taufe in den Tod, damit, wie Christus auferweckt ist von den Toten durch die Herrlichkeit des Vaters, auch wir in einem neuen Leben wandeln. (Römer 6,4)

Aus Frage 70
Getauft werden heißt ferner, durch den Heiligen Geist erneuert und zu einem Glied Christi geheiligt sein, so dass wir je länger je mehr der Sünde absterben und ein Leben führen, das Gott gefällt.

Die Taufe mit Wasser weist auf die Sündenvergebung und die Erneuerung des Lebens hin. Der Gemeinde wird durch dieses sinnfällige Zeichen verkündigt, dass der Getaufte mit Jesu Christi Blut und Geist von der „Unreinigkeit seiner Seele reingewaschen ist. Das „Blut“ Jesu Christi weist auf das Kreuzesgeschehen hin, während „Geist“ an die Erneuerung des Sünders erinnert. Die geistliche Waschung mit dem Blut Christi ist ein Bild für den Vorgang der Sündenvergebung. Diese hat im Neuwerden des getauften Christen ihr Ziel. Er wird geheiligt und zu einem Leben inspiriert, das vor Gott Bestand hat und ihm gefällt.

Du bist reicher, als wir sagen können. / Hilf uns, dass wir aus der Taufe leben: / staunend, unerschrocken, voller Freude. (EG 212,6)

Der Herr sprach zu Abraham: Ich will aufrichten meinen Bund zwischen mir und dir und deinen Nachkommen von Geschlecht zu Geschlecht, dass es ein ewiger Bund sei, so dass ich dein und deiner Nachkommen Gott bin. (1. Mose 17,7)

Jesus Christus spricht: Lasset die Kinder zu mir kommen und wehret ihnen nicht; denn solchen gehört das Reich Gottes. (Markus 10,14)

> Aus Frage 74
> Soll man auch die kleinen Kinder taufen? Ja; denn sie gehören ebenso wie die Erwachsenen in den Bund Gottes und seine Gemeinde.

Zur Säuglings- und Kindertaufe sagt der Katechismus eindeutig ja. Ebenso wie die Erwachsenen gehören die kleinen Kinder zu Gott, seinem Bund und seiner Gemeinde. Auch ihnen gilt die Zusage, dass Gott neues Leben eröffnet. Diese Zugehörigkeit wird nicht erst durch die Taufe bewirkt. Ein tröstlicher Gedanke: Wenn ein Kind vor seiner Taufe stirbt, ist es für Gott nicht verloren. Gottes Ja gilt von Geburt an, und die Bedeutung der Taufe liegt darin, dass sie die bereits bestehende Gotteskindschaft sinnfällig bezeugt. Die Taufe ist ein Siegel für Gottes Ja zum Getauften und ein „Zeichen des Bundes".

Lasst die Kinder zu mir kommen, / kommt mit allen Kindern. / Lasst die Kinder zu mir kommen, / niemand soll sie hindern. / Denn es werden in mein Reich / Kinder aufgenommen, / lasst sie alle gern herein, / Groß und Klein darf kommen! (EG RWL 606,1)

Jesus Christus spricht: Ich bin das lebendige Brot, das vom Himmel gekommen ist. Wer von diesem Brot isst, der wird leben in Ewigkeit. Und dieses Brot ist mein Fleisch, das ich geben werde für das Leben der Welt. (Johannes 6,51)

Der gesegnete Kelch, den wir segnen, ist der nicht die Gemeinschaft des Blutes Christi? Das Brot, das wir brechen, ist das nicht die Gemeinschaft des Leibes Christi? (1. Korinther 10,16)

> Aus Frage 79
> Wie Brot und Wein das zeitliche Leben erhalten, so sind sein gekreuzigter Leib und sein vergossenes Blut die wahre Speise und der wahre Trank unserer Seele zum ewigen Leben.

Während die Taufe den Anfang des christlichen Lebens markiert, bezeichnet das Abendmahl dessen Fortsetzung. Im Abendmahl bestärkt der Heilige Geist die Glaubenden in der Gewissheit, dass Jesus Christus sie in seine Gemeinschaft ruft und in ihr erhält. Der gekreuzigte und auferstandene Jesus Christus schenkt sich ihnen selbst in der Feier des Abendmahls als geistliche Speise, damit die daran Teilnehmenden ihn empfangen, an seinen Gaben teilhaben und im Glauben Stärkung erfahren. Die leiblichen Zeichen der Lebensmittel Brot und Wein sind besonders geeignet, das geistliche Geschehen an den Glaubenden abzubilden.

Gab zwiefach sich in Wein und Brot; / sein Fleisch und Blut, getrennt im Tod, / macht durch des Mahles doppelt Teil / den ganzen Menschen satt und heil.
(EG 223,3)

# Gott danken

Jesus Christus spricht: So lasst euer Licht leuchten vor den Leuten, damit sie eure guten Werke sehen und euren Vater im Himmel preisen. (Matthäus 5,16)

Darum lasst uns dem nachstreben, was zum Frieden dient und zur Erbauung untereinander. (Römer 14,19)

> Aus Frage 86
> Wir sollen gute Werke tun, dass wir mit einem Leben, das Gott gefällt, unsern Nächsten auch für Christus gewinnen.

Der Katechismus ist auch ein Buch des praktischen Lebens und der christlichen Ethik. Er zeigt Wege auf, wie Menschen verantwortlich leben können. Die Dankbarkeit wird dabei zum Schlüsselwort: Gute Werke geschehen nicht aus einem inneren oder äußeren Zwang heraus, sondern aus Dankbarkeit gegenüber Gott. Weil er durch Jesus Christus Menschen erlöst hat und sie durch den Heiligen Geist erneuert, sollen sie dementsprechend leben. Gute Werke zu tun wird zur folgerichtigen Lebensäußerung der Glaubenden. Ein solches Leben wirkt nach außen und hat eine missionarische Dimension: Andere werden auf Jesus Christus aufmerksam und interessieren sich für seine Botschaft.

Lass uns in deinem Namen, Herr, / die nötigen Schritte tun. / Gib uns den Mut, voll Liebe, Herr, / heute die Wahrheit zu leben. (EG RWL 658,2)

Ich bin der Herr, dein Gott, der ich dich aus Ägyptenland, aus der Knechtschaft, geführt habe. Du sollst keine anderen Götter haben neben mir.
(2. Mose 20,2–3)

Alle gute Gabe und alle vollkommene Gabe kommt von oben herab, von dem Vater des Lichts, bei dem keine Veränderung ist noch Wechsel des Lichts und der Finsternis. (Jakobus 1,17)

> Aus Frage 94 (1. Gebot)
> Ich soll den einen wahren Gott recht erkennen, ihm allein vertrauen und in aller Demut und Geduld von ihm allein alles Gute erwarten.

Die Wohltat, von Jesus Christus erlöst zu sein, hat das „Auferstehen des neuen Menschen“ zur Folge, der mit „Lust und Liebe“ sein Leben nach Gottes Willen gestaltet. Die Zehn Gebote als gute Gabe Gottes verbieten nicht nur falsches Verhalten, sondern zeigen auch die Richtung an, um Gottes Willen zu tun und dem Nächsten zu helfen. Wahre Gotteserkenntnis ist gemäß den Worten des ersten Gebots das Vertrauen und die begründete Hoffnung, dass Gott es mit den Menschen gut meint und gut macht.

Der mir vorangeht, seines Namens wegen, / führt mich auf rechtem Steig dem Ziel entgegen. / Ob ich auch wandre, wo die Schatten kauern, / durchs finstre Tal und zwischen starren Mauern: / Du bist bei mir! Dein Stab lässt sicher gehen. / Kein Unglück muss ich mehr allein bestehen. (EG RWL 613,2)

Du sollst dir kein Bildnis noch irgendein Gleichnis machen, weder von dem, was oben im Himmel, noch von dem, was unten auf Erden, noch von dem, was im Wasser unter der Erde ist: Bete sie nicht an und diene ihnen nicht! (2. Mose 20,4–5)

Umso fester haben wir das prophetische Wort, und ihr tut gut daran, dass ihr darauf achtet als auf ein Licht, das da scheint an einem dunklen Ort, bis der Tag anbreche und der Morgenstern aufgehe in euren Herzen. (2. Petrus 1,19)

> Aus Frage 98 (2. Gebot)
> Wir sollen uns nicht für weiser halten als Gott, der seine Christenheit nicht durch stumme Götzen, sondern durch die lebendige Predigt seines Wortes unterwiesen haben will.

Gott bahnt sich durch sein Wort einen Weg zu den Menschen und macht sich ihnen verständlich. In seiner Selbsterschließung ist er frei und entzieht sich der Festlegung und Darstellbarkeit. Gegen die Gefahr, Gott für die eigenen Vorstellungen und Wünsche in Anspruch zu nehmen und ihn auf ein selbstgemachtes Bild oder Vorurteil festzulegen, will das Gebot Gottes Freiheit wahren. Und es wendet sich dagegen, irdische Vorgänge ideologisch hochzustilisieren.

Du, Herr, gabst uns dein festes Wort. / Gib uns allen deinen Geist! / Du gehst nicht wieder von uns fort. / Gib uns allen deinen Geist! / Bleibe bei uns alle Tage bis ans Ziel der Welt. / Gib uns allen deinen Geist! / Gib das Leben, das im Glauben die Gemeinde hält. / Gib uns allen deinen Geist! (EG RWL 570,1)

Gedenke des Sabbattages, dass du ihn heiligest. Sechs Tage sollst du arbeiten und alle deine Werke tun. Aber am siebenten Tage ist der Sabbat des Herrn, deines Gottes. Da sollst du keine Arbeit tun. (2. Mose 20,8–10)

Jesus Christus spricht: Der Sabbat ist um des Menschen willen gemacht. (Markus 2,27)

> Aus Frage 103 (4. Gebot)
> Ich soll an allen Tagen meines Lebens von meinen bösen Werken ablassen und den Herrn durch seinen Geist in mir wirken lassen. So fange ich den ewigen Sabbat schon in diesem Leben an.

Der Sonntag ist der Erinnerungstag an die Auferstehung Jesu Christi. Hinzu tritt eine Sinngebung, die der christliche Glaube dem jüdischen Verständnis des Sabbat verdankt: Auf diesen Ruhe- und Freudentag führt die endende Woche hin, und von ihm her erhält die neue Woche ihr Licht. In dieser Tradition unterbricht der Sonntag den rast- und ruhelos tätigen und sich selbst verfehlenden Menschen. Dadurch wird eine wesentliche Dimension des Lebens aufgezeigt: Es erschöpft sich nicht im Tätigsein. Als zeichenhafte Vorwegnahme des endgültigen Heils weist der Sonntag auf die ewige Ruhe in Gottes neuer Welt voraus.

Unser Leben sei ein Fest, / Jesu Geist in unserer Mitte, / Jesu Werk in unseren Händen, / Jesu Geist in unseren Werken. / Unser Leben sei ein Fest, / so wie heute an jedem Tag. (EG RWL 571,1)

Du sollst nicht töten. (2. Mose 20,13)

Lasst die Sonne nicht über eurem Zorn untergehen. (Epheser 4,26)

> Aus Frage 105 (6. Gebot)
> Ich soll meinen Nächsten weder mit Gedanken noch mit Worten oder Gebärden, erst recht nicht mit der Tat, auch nicht mit Hilfe anderer, schmähen, hassen, beleidigen oder töten.

Wie kann es gelingen, dass Menschen respektvoll und friedlich miteinander leben? Die Basis legt die ebenso knappe wie eindeutige biblische Mahnung, keinen Menschen zu töten. Das sollte unter zivilisierten Menschen eigentlich selbstverständlich sein. Das Töten eines Menschen löst moralische Empörung aus und zieht erhebliche Sanktionen nach sich; wo das nicht geschieht, ist es um Moral und Recht schlecht bestellt. Der Katechismus spannt den Bogen noch weiter und nimmt auch Verhaltensweisen im weiteren Umkreis des physischen Tötens in den Blick: Bereits Gedanken, Worte und Gebärden, die den Nächsten schmähen, hassen und beleidigen, sind der Nährboden für Gewalt und Krieg. Das gilt nicht nur zwischen einzelnen Menschen, sondern auch im Zusammenleben der Völker. Wer mit seinem Nächsten respektvoll und friedlich leben will, darf ihn nicht herabsetzen. Gerade im Umgang mit schwierigen Menschen gilt es, Maß zu halten und Aggressionen in eine konstruktive Auseinandersetzung zu verwandeln.

Hilf, Herr meiner Tage, / dass ich nicht zur Plage, / dass ich nicht zur Plage meinem Nächsten bin. (EG 419,2)

Wenn du den Esel deines Widersachers unter seiner Last liegen siehst, so lass ihn ja nicht im Stich, sondern hilf mit ihm zusammen dem Tiere auf. (2. Mose 23,5)

Einer trage des andern Last, so werdet ihr das Gesetz Christi erfüllen. (Galater 6,2)

Aus Frage 107 (6. Gebot)
Gott will, dass wir unserem Nächsten Geduld, Frieden, Sanftmut, Barmherzigkeit und Freundlichkeit erweisen, Schaden, so viel uns möglich, von ihm abwenden, und auch unseren Feinden Gutes tun.

Das Verbot, andere nicht herabzusetzen oder gar zu töten, hat eine konstruktive Folge. Wer am Frieden interessiert ist, wird dem Nächsten Gutes tun. Es werden Verhaltensweisen angesprochen, in denen Menschen sich ein Leben lang einüben müssen: Geduld, Frieden, Sanftmut, Barmherzigkeit, Freundlichkeit. Auch wenn es keine große Kunst zu sein scheint, angenehmen Menschen freundlich zu begegnen, gelingt das doch nicht immer. Menschen sind begrenzte und fehlbare Wesen, die am Selbstverständlichsten scheitern. Erst recht eine Zumutung ist die Regel Jesu Christi, ausgerechnet die zu achten, die einem schaden. Wie jede Liebe will auch Feindesliebe gelebt werden, damit die Wege – so mühsam es ist – zueinander führen.

Gib Frieden, Herr, wir bitten! / Du selbst bist, was uns fehlt. / Du hast für uns gelitten, / hast unsern Streit erwählt, / damit wir leben könnten, / in Ängsten und doch frei, / und jedem Freude gönnen, / wie feind er uns auch sei. (EG 430,3)

Du sollst nicht stehlen. (2. Mose 20,15)

Eine falsche Waage verabscheut der Herr, ein volles Gewicht aber gefällt ihm. (Sprüche Salomos 11,1)

> Aus Frage 110 (8. Gebot)
> Gott verbietet nicht nur Diebstahl und Raub, die nach staatlichem Recht bestraft werden. Er nennt Diebstahl auch alle Schliche und betrügerischen Handlungen, womit wir versuchen, unseres Nächsten Gut an uns zu bringen, sei es mit Gewalt oder einem Schein des Rechts.

Menschen erschleichen sich trickreich ökonomische Vorteile und schaden dadurch anderen. Dazu gehören alle Formen des Diebstahls wie Betrug, das Ausnutzen von Rechtslücken, gefälschte Dokumente, unlautere Geldtransaktionen und Finanzspekulationen. Eine weitere Gestalt des Diebstahls ist der Geiz, durch den Menschen anderen etwas vorenthalten. Schließlich zählt auch die Verschwendung von Gütern zum Diebstahl, weil der durch Gier getriebene Mensch die Verpflichtung verkennt, andere am eigenen Wohlstand teilhaben zu lassen. Gott verbietet ein solches egoistisches Verhalten, weil es die Gemeinschaft zerstört.

Lass uns den Weg der Gerechtigkeit gehen. / Dein Reich komme, Herr, dein Reich komme. / Dein Reich in Klarheit und Frieden, / Leben in Wahrheit und Recht. / Dein Reich komme, Herr, dein Reich komme.
(EG RWL 675,1)

Jesus Christus spricht: Alles nun, was ihr wollt, dass euch die Leute tun sollen, das tut ihnen auch! Das ist das Gesetz und die Propheten. (Matthäus 7,12)

Wer gestohlen hat, der stehle nicht mehr, sondern arbeite und schaffe mit eigenen Händen das nötige Gut, damit er dem Bedürftigen abgeben kann. (Epheser 4,28)

> Aus Frage 111 (8. Gebot)
> Ich soll das Wohl meines Nächsten fördern, wo ich nur kann, und so an ihm handeln, wie ich möchte, dass man an mir handelt.

Nicht zu stehlen und sich nicht dem Lebensstil der Geiz- und Giergesellschaft zu verschreiben, ist das eine. Hinzu kommt die positive Haltung, sich für andere Menschen mit dem eigenen Vermögen und mit Fantasie zu verwenden. Im Hintergrund steht die Erinnerung, dass Gott selbst barmherzig ist, indem er sich dem Menschen in seiner Lebensnot zuwendet. Um nichts Geringeres geht es, als ein Spiegel für Gottes eigene förderliche Lebensbewegung zugunsten der Menschen zu werden. Das Wohl des Nächsten zu fördern heißt insbesondere, auf das Wohlergehen der Armen zu achten und sich auch politisch für ihre ökonomische Würde einzusetzen. Statt das Leben dem Gewinnstreben unterzuordnen, gilt es, der Ehrfurcht vor dem Leben Ausdruck zu geben.

Komm in unser reiches Land, / der du Arme liebst und Schwache, / dass von Geiz und Unverstand / unser Menschenherz erwache. / Schaffe aus unserm Überfluss / Rettung dem, der hungern muss. (EG 428,2)

# Not wendendes Beten

Opfere Gott Dank und erfülle dem Höchsten deine Gelübde, und rufe mich an in der Not, so will ich dich erretten und du sollst mich preisen. (Psalm 50,14–15)

Jesus Christus spricht: Gott ist Geist, und die ihn anbeten, die müssen ihn im Geist und in der Wahrheit anbeten. (Johannes 4,24)

> Aus Frage 116
> Warum ist den Christen das Gebet nötig? Weil es die wichtigste Gestalt der Dankbarkeit ist, die Gott von uns fordert.

Die gelebte Dankbarkeit erschöpft sich nicht in einer von den Zehn Geboten und der Lebensregel Jesu Christi – dem Doppelgebot der Liebe – angeleiteten Ethik. Nicht das menschliche Handeln, sondern das Beten ist das Herzstück der Dankbarkeit. Im Gebet reden Menschen von und zu Gott, der ihre wahre Not kennt und ihre Klage erhört. Nichts Besseres können sie tun, als ihre geistliche und leibliche Not vor Gott zu bringen. Er wartet auf ihre Worte, seien sie fest und wohlgesetzt oder zaghaft tastend und ungeordnet.

Das ist mir lieb, dass du mich hörst / und dich in Gnaden zu mir kehrst; / drum will ich all mein Leben lang / anrufen dich mit Lob und Dank.
Ich danke dir von Herzensgrund, / und tue deinen Namen kund / vor allem Volk in der Gemeind, / die sich zu deinem Lob vereint. (EG 292,1+5)

Neige dein Ohr, mein Gott, und höre, tu deine Augen auf und sieh an unsere Trümmer und die Stadt, die nach deinem Namen genannt ist. Denn wir liegen vor dir mit unserm Gebet und vertrauen nicht auf unsre Gerechtigkeit, sondern auf deine große Barmherzigkeit. (Daniel 9,18)

Jesus Christus spricht: Wer da bittet, der empfängt; und wer da sucht, der findet. (Matthäus 7,8)

> Aus Frage 117
> Wir haben diesen festen Grund, dass Gott unser Gebet trotz unserer Unwürdigkeit um des Herrn Christus willen gewiss erhören will.

Das Unser Vater-Gebet ist das Herzstück aller Gebete. Kein Text ist inwendiger, kein Text ist auswendiger. Wer dieses Gebet spricht, stellt sich in die lange Reihe derer, die vor ihm waren, und befindet sich gleichzeitig in der Gemeinschaft der Christen überall auf der Erde. Beten ist Gespräch mit Gott, zu dem hin sich der Betende ruft. Der Heilige Geist wirkt dabei wie der Übersetzer der menschlichen Worte, indem er ihr Seufzen und ihr Klagen, ihr Bitten und ihr Lob vor Gott bringt. Es verhallt nicht im Nirgendwo, sondern dringt an Gottes Ohr. Wer betet, übt sich in der Sprache der Hoffnung und ist einem Vogel ähnlich, der schon singt, obwohl die Nacht noch dunkel ist. Wer betet, liegt Gott auf geradezu unverschämte Weise ihm Ohr, auf dass ihn sein Schreien anrührt und bewegt.

Meine ganze Ohnmacht, / was mich beugt und lähmt, bringe ich vor dich. / Wandle sie in Stärke: / Herr, erbarme dich. (EG RWL 600,2)

Jesus Christus spricht: Wer ist unter euch Menschen, der seinem Sohn, wenn er ihn bittet um Brot, einen Stein biete? Oder, wenn er ihn bittet um einen Fisch, eine Schlange biete? (Matthäus 7,9–10)

Jesus Christus spricht: Wenn nun ihr, die ihr böse seid, euren Kindern gute Gaben geben könnt, wie viel mehr wird der Vater im Himmel den Heiligen Geist geben denen, die ihn bitten! (Lukas 11,13)

> Aus Frage 120
> Gott will uns das, worum wir ihn im Glauben bitten, noch viel weniger verweigern, als unsere Väter uns irdische Dinge abschlagen.

Wer betet, überschreitet Grenzen, verlässt den eingeengten Horizont eigener Erfahrungen und Erlebnisse, tritt heraus aus seiner Angst und bekommt Distanz zum eigenen Unvermögen. Wer betet, gelangt in einen Bereich neuer Verbindlichkeit und Verlässlichkeit, den er sonst nicht finden noch betreten könnte. Wer betet, braucht Ruhe, denn Beten setzt Konzentration voraus, werden in ihm doch Etappen des Lebens – auch eigenes Versagen und Schuld – vor Gott ausgebreitet. In einer mit dem Verhalten irdischer Väter unvergleichlichen Weise nimmt Gott das im Vertrauen auf ihn Gesagte in seine Obhut.

Vergiss nicht zu danken dem ewigen Herrn, / er hat dir viel Gutes getan. / Bedenke, in Jesus vergibt er dir gern, / du darfst ihm, so wie du bist, nahn. / Barmherzig, geduldig und gnädig ist er, viel mehr als ein Vater es kann. / Er warf unsre Sünde ins äußerste Meer, / kommt, betet den Ewigen an. (EG RWL 644,1)

Wünschet Jerusalem Glück! Es möge wohlgehen denen, die dich lieben! Es möge Friede sein in deinen Mauern und Glück in deinen Palästen! (Psalm 122,6–7)

Dein Reich komme. (Matthäus 6,10)

> Aus Frage 123
> Erhalte und mehre deine Kirche und zerstöre die Werke des Teufels und alle Gewalt, die sich gegen dich erhebt.

Betende bleiben Wartende. Sie klammern sich an das Versprechen, dass keine Macht dieser Welt sie aus Gottes Hand reißen kann. Und wenden sich an den, dem allein es möglich ist, die Macht der Sünde und des Todes, die Gewalten der Ungerechtigkeit und des Unfriedens, die Herrschaft der Maßlosigkeit und die Arroganz zu begrenzen und zu vernichten. Mit dem Advent Jesu Christi ist Gottes Reich und sein Friede in dieser Welt schon aufgeleuchtet. Die Bitte um das Kommen seines Reiches dringt darauf, dass Gott vollendet, was mit Jesus Christus an und in der Welt Neues angebrochen ist: dass den Rechtlosen Recht widerfährt und die Friedlosen in Frieden leben. Wer um das Kommen von Gottes Reich bittet, wird umso kritischer die Mächte wahrnehmen, die seiner Herrschaft gegenwärtig noch entgegenwirken. Die von Gott bis heute erhaltene Kirche wird zur selbstkritischen und streitbaren Anwältin der Elenden, die sich mit ihrer himmelschreienden Not nicht abfindet.

Du guter Hirt, Herr Jesus Christ, / steh deiner Kirche bei, / dass über allem, was da sei, / ein Herr, ein Glaube sei. (EG 265,4)

Aller Augen warten auf dich, und du gibst ihnen ihre Speise zur rechten Zeit. Du tust deine Hand auf und sättigst alles, was lebt, nach deinem Wohlgefallen. (Psalm 145,15–16)

Unser tägliches Brot gib uns heute. (Matthäus 6,11)

> Aus Frage 125
> Versorge uns mit allem, was für Leib und Leben nötig ist. Lehre uns dadurch erkennen, dass du allein der Ursprung alles Guten bist und dass ohne deinen Segen unsere Sorgen und unsere Arbeit wie auch deine Gaben nichts nützen.

Die Bitte um das tägliche Brot spannt den Bogen von der Erde und ihren Bedürfnissen zum Himmel. Vor Gott wird das gebracht, was die Menschen gemeinsam angeht und was alle brauchen, damit es ihnen auf Erden gut geht. Doch was nützen Bitten und Beten, wenn Menschen für das Lebensnotwendige selbst arbeiten müssen? Das Brot und die anderen Mittel, die Leib und Leben nähren, sind mehr als nur Frucht der Erde und natürliche Nahrung. Sie verdanken sich im letzten Grund Gott. Wer um das tägliche Brot bittet, lernt auch dessen Ursprung wieder neu wertzuschätzen. Er achtet die von Gott geschaffenen Gaben statt sie zu vergeuden oder zu vernichten und erinnert sich an Erfahrungen, die in der Bibel als Wunder erzählt werden: wie es Brot in der Wüste gab – Himmelsspeise, genug für jeden Tag, genug für den Weg, der vor den Menschen lag.

Herr, gib uns unser täglich Brot. / Lass uns bereit sein, in der Not / zu teilen, was du uns gewährt. / Dein ist die Erde, die uns nährt. (EG 464,1)

Gott, sei mir gnädig nach deiner Güte, und tilge meine Sünden nach deiner großen Barmherzigkeit.
(Psalm 51,3)

Und vergib uns unsere Schuld, wie auch wir vergeben unsern Schuldigern. (Matthäus 6,12)

> Aus Frage 126
> Wir finden es als Zeugnis deiner Gnade in uns, unserem Nächsten von Herzen verzeihen zu wollen.

War im Unser Vater-Gebet der Blick bis dahin auf Gott, seinen heiligen Namen, sein Reich, seinen Willen und auf das von ihm erbetene tägliche Brot gerichtet, so wendet sich jetzt die Aufmerksamkeit ganz auf den Menschen. Wer sich betend auf Gott ausrichtet, wird nicht in eine andere Welt entführt, die mit ihm nichts mehr zu tun hat, sondern bekommt es im gleichen Atemzug mit sich selbst zu tun. Und zwar mit einer anderen Seite seiner selbst, einer dunklen und unangenehmen: der persönlichen Schuld. Läge es am Menschen, so läge ihm alles daran, diese Seite abzutun und zu verdrängen. Aber es liegt nicht am Menschen, denn Gott überwindet seine Schuld, indem er sie ihm vergibt. Wer aus der Vergebung lebt, wird verwandelt. Durch Gottes Kraft wird er das, was ihn umschattet, offen aussprechen und auch anderen ihre Schuld verzeihen. Wo Schuld nicht mehr zwischen ihnen steht, wird das Leben wieder schön.

Lieber Herr Jesus, wandle uns von Grund auf, / dass allen denen wir auch gern vergeben, / die uns beleidigt, die uns Unrecht taten, / selbst sich verfehlten.
(EG 96,3)

Es war Ja in Christus. Denn auf alle Gottesverheißungen ist in ihm das Ja; darum sprechen wir auch durch ihn das Amen, Gott zum Lobe. (2. Korinther 1,19–20)

Sind wir untreu, so bleibt Christus doch treu; denn er kann sich selbst nicht verleugnen. (2. Timotheus 2,13)

> Aus Frage 129
> Amen heißt: Das ist wahr und gewiss! Denn mein Gebet ist von Gott viel gewisser erhört, als ich in meinem Herzen fühle, dass ich dies alles von ihm begehre.

Mit der Erklärung des Wortes „Amen" gelangt der Katechismus an sein Ende. Während am Anfang Jesus Christus als der eine, einzige und existenzielle Trost des Menschen bezeichnet wird, ermutigt die letzte Auskunft dazu, Gott im Gebet bedingungsloses Vertrauen entgegenzubringen und nicht nachzulassen, ihn anzurufen. In allem Zweifel, ob das Gebet Gott wirklich erreicht und er es erhört, wächst bei den Betenden die Gewissheit: Noch bevor sie Gott ihre Anliegen nennen und seine Hilfe erbitten, wendet er sich ihnen bereits freundlich zu und weiß sowohl um ihre Lasten als auch um das, was sie froh und dankbar macht.

Mein Bitten hast erhöret, / mein Gott, in Gnaden du. / Wer deinen Namen ehret, / dem fällt dein Erbe zu. / So schenke langes Leben / dem, der sich dir geweiht; / wollst Jahr um Jahr ihm geben, / ihn segnen allezeit. (EG RWL 619,3)

# Copyrightnachweise

Seite 9 (EG 168,6)
VS 1063 9/Du hast uns, Herr, gerufen
Text: Kurt Rommel
© Strube Verlag, München

Seite 11 (EG RWL 570,2)
Werk [201189800]: It's me, oh Lord
Melodie: aus den USA (frei)
Text, OT: aus den USA (frei)
Titel: Du, Herr, gabst uns dein festes Wort
Text: Hoffmann, Lutz / Mausberg, Franz / Norres, Karl / Schuhen, Leo
© Edition Werry, Mülheim/Ruhr

Seite 12 (EG 236,1+6)
VS 1208 2/Ohren gabst Du mir
Text: Paul Ernst Ruppel
© Strube Verlag, München

Seite 13 (EG 271,4)
Wie herrlich gibst du, Herr, dich zu erkennen
Text: Wilhelm Vischer
© Dr. Wolfgang A. Vischer

Seite 14 (EG 154,4)
Herr, mach uns stark im Mut
Text: Anna Martina Gottschick
© Carus-Verlag Stuttgart

Seite 15 (EG 116,5)
Er ist erstanden, Halleluja!
Text: Ulrich S. Leupold
© Lutherischer Weltbund, Genf

Seite 16 (EG 19,2)
O komm, du Sohn aus Davids Stamm
(Strophe 2 aus „O komm, o komm, du Morgenstern“)
Text: Ottmar Schulz 1975 nach dem englischen „O come, o come Emmanuel“ von John Mason Neale 1851/1861
© Verlag Singende Gemeinde, Wuppertal

Seite 17 (EG 382,2)
Werk [201047500]: Ik sta voor U
Titel: Ich steh vor dir mit leeren Händen
Text: Zenetti, Lothar
© Verlag Herder, Freiburg

Seite 18 (EG 395,1)
Vertraut den neuen Wegen
Text: Prof. Dr. Klaus-Peter Hertzsch
© Prof. Dr. Klaus-Peter Hertzsch

Seite 21 (EG 383,2)
Herr, du hast mich angerührt
Text: Jürgen Henkys
© Polyhymnia-Verlag

Seite 22 (EG 284,4)
Das ist köstlich, dir zu sagen Lob und Preis
Text: Günter Rutenborn
Rechtsnachfolger konnte nicht ermittelt werden

Seite 23 (EG 51,1)
[3182] „Also liebt Gott die arge Welt“
Text: Kurt Müller-Osten (1. Strophe)
© Bärenreiter-Verlag, Kassel

Seite 24 (EG 56,2)
VS 1063 4/Weil Gott in tiefster Nacht erschienen

Text: Dieter Trautwein


Seite 25 (EG 558,3+4)
Nun ziehen wir die Straße
Text: Klaus Berg
Musik: Oskar Gottlieb Blarr
aus: Oekumene heute, Mein Liederbuch 2, 1992


Seite 26 (EG 269,1)
[693] „Christus ist König, jubelt laut"
Text: Walter Schulz (1. Strophe)
Quelle: 36 neue Lieder (BA 6354)


Seite 27 (EG 184,5)
„Den Geist, der heilig insgemein", aus: Rudolf Alexander Schröder, Gesammelte Werke in fünf Bänden. Band I. Die Gedichte. 

Seite 29 (EG 94,5)
Das Kreuz ist aufgerichtet (EG 94)
Text: Kurt Ihlenfeld


Seite 30 (EG 97,1)
VS 1150 008/Holz auf Jesu Schulter
Text: Jürgen Henkys


Seite 31 (EG RWL 555,7)
Werk [201354700]: Loben wollen wir und ehren
Text: Thurmair, Georg

Seite 32 (EG RWL 591)
Gottes Wort ist wie ein Licht in der Nacht
Text: Hans-Hermann Bittger


Seite 33 (EG 409,6)
VS 1063 28/Gott liebt diese Welt
Text: Walter Schulz


Seite 34 (EG 153,4+5)
Der Himmel, der ist
Text: Kurt Marti


Seite 35 (EG 116,1)
Er ist erstanden, Halleluja!
Text: Ulrich S. Leupold


Seite 38 (EG 171,1)
VS 1357 161/Bewahre uns, Gott
Text: Eugen Eckert


Seite 39 (EG RWL 607,4)
Herr, wir bitten: Komm und segne uns
Text & Melodie: Peter Strauch


Seite 40 (EG 533,1+2)
Arno Pötzsch, Im Licht der Ewigkeit. Geistliche Lieder und Gedichte. Gesamtausgabe. Leinfelden-Echterdingen: © Verlag Junge Gemeinde (2008).

Seite 41 (EG 117,3)
Der schöne Ostertag!
Text: Jürgen Henkys
© Polyhymnia-Verlag

Seite 42 (EG RWL 673,3)
Ich lobe meinen Gott
Text: Hans-Jürgen Netz
Musik: Christoph Lehmann
aus: Exodus, 1979
alle Rechte im tvd-Verlag Düsseldorf

Seite 43 (EG 359,4)
Werft das stolze Sorgen fort
Text: Kurt Müller-Osten
© Mundorgel Verlag GmbH Köln

Seite 45 (EG 268,4)
VS 1246 166/Strahlen brechen viele
Text: Dieter Trautwein
© Strube Verlag, München

Seite 46 (EG 418,4)
Brich dem Hungrigen dein Brot (EG 418)
Text: Martin Jentzsch
© Verlag Merseburger, Kassel, www.merseburger.de

Seite 47 (EG 212,6)
Voller Freude über dieses Wunder
Text: Jürgen Henkys
© Polyhymnia-Verlag

Seite 48 (EG RWL 606,1)
Laßt die Kinder zu mir kommen
Text: Karl-Ludwig Höpker / Team
© Karl-Ludwig Höpker

Seite 50 (EG RWL 658,2)
VS 1857 24/Lass uns in deinem Namen, Herr
Text: Kurt Rommel


Seite 51 (EG RWL 613,2)
VS 5116 21/Der Herr ist mein Hirt
Text: Jürgen Henkys


Seite 52 (EG RWL 570,1)
Werk [201189800]: It's me, oh Lord
Melodie: aus den USA (frei)
Text, OT: aus den USA (frei)
Titel: Du, Herr, gabst uns dein festes Wort
Text, 01: Hoffmann, Lutz / Mausberg, Franz / Norres, Karl / Schuhen, Leo


Seite 53 (EG RWL 571,1)
Unser Leben sei ein Fest
Text: Josef Metternich Team
Musik: Peter Janssens
aus: Wir haben einen Traum, 1972


Seite 54 (EG 419,2)
Hilf, Herr meines Lebens
Text: Gustav Lohmann (2. Strophe)


Seite 55 (EG 430,3)
VS 1281 64/Gib Frieden, Herr, gib Frieden
Text: Jürgen Henkys

Seite 56 (EG RWL 675,1)
Dein Reich komme (Lass uns den Weg ...)
Text: M. P. Figuera
Musik: Christobal Halffter
Übersetzung: Diethard Zils, Christoph Lehmann
Quelle: misa de la juventud, 1964
aus: Es sind doch deine Kinder, 1983


Seite 57 (EG 428,2)
Komm in unsre stolze Welt (1 Strophe)
Text: Hans Graf von Lehndorff


Seite 58 (EG 292,1+5)
Das ist mir lieb, dass du mich hörst (EG 292)
Text: Heinrich Vogel


Seite 59 (EG RWL 600,2)
Meine engen Grenzen
Text: Eugen Eckert


Seite 60 (EG RWL 644,1)
Vergiß nicht zu danken
Text: Heino Tangermann


Seite 61 (EG 265,4)
Werk [201055100]: Nun singe Lob, du Christenheit
Melodie: Crüger, Johann (frei)
Satz, 1: Crüger, Johann (frei)
Text, 01: Thurmair, Georg

Seite 62 (EG 464,1)
Titel: Herr, gib uns unser täglich Brot (1. Strophe)
Text: Edwin Nievergelt
Quelle: Neues Singen in der Kirche 28/134


Seite 63 (EG 96,3)
[277] „Du schöner Lebensbaum des Paradieses“
Text: Dieter Trautwein und Vilmos Gyöngyösi (3. Strophe)
Melodie: Kolozsvar 1744
Quelle: Cantate Domino (BA 4994)


Seite 64 (EG RWL 619,3)
Werk [201375000]: Erhör, o Gott, mein Flehen
Melodie: Lyon 1547 (frei)
Text, 01: Stein, Edith